AF502074

Oc
947

DE
LA RÉVOLUTION
D'ESPAGNE,
ET
DE SON DIX AOÛT.

DE
LA RÉVOLUTION
D'ESPAGNE,
ET
DE SON DIX AOÛT.

PAR M. ALPHONSE DE BEAUCHAMP,

CHEVALIER DE L'ORDRE ROYAL DE LA LÉGION D'HONNEUR.

SECONDE ÉDITION.

A PARIS,

Chez MICHAUD, LIBRAIRE, rue de Cléry, n° 13.

Septembre 1822.

PRÉFACE.

Cet écrit sur l'Espagne est une nouvelle édition de celui que je publiai au mois de janvier dernier, sous le titre suivant : *De la Révolution d'Espagne, et de sa crise actuelle*. En y substituant celui-ci : *De la Révolution d'Espagne, et de son 10 août*, je ne fais qu'indiquer, par une légère variante, que je ne m'arrête plus à la crise du mois de décembre 1821. En effet, poussant plus loin mon parallèle entre notre révolution et celle d'Espagne, je traite aussi de la journée récente du 7 juillet, généralement comparée, comme exploit révolutionnaire, à notre 10 août, jour où expira la Monarchie française. Cette journée du 7 juillet, que les royalistes considèrent comme toute aussi funeste pour l'Espagne qu'insultante pour l'Europe monarchique, a fait parmi nous une sensation profonde, quoique l'événement en lui-même fût depuis long-temps prévu. Mais la prévoyance est nulle depuis que la révolte ne trouve plus à combattre que des pouvoirs chancelans ou pusillanimes, et qui ne savent ni se mettre à l'abri, ni se défendre. Pourtant une triste expérience aurait dû convaincre les hommes qui tiennent les rênes des Empires, qu'on ne saurait trop se hâter d'étouffer dans son berceau le monstre des révolutions, et que c'est lui donner la société entière à dévorer, que de le laisser grandir et prendre des forces. Le système de tergiversation et de mollesse adopté par les cabinets en 1791, amena tous les malheurs qui ont affligé l'Europe pendant 25 ans. Aujourd'hui la crise est la même : elle est encore plus aiguë, car c'est une rechute. Où en seraient maintenant l'Italie et la cause des rois, si la Sainte-Alliance, en 1821, abjurant les lenteurs de 1791, n'eût vigoureusement attaqué et dispersé les révolutionnaires de Naples et du Piémont? Comment ne pas voir que la perfidie et la violence ne sauraient être vaincues que par la force et la justice. Quoi ! se laisserait-on intimider par les déclamations factieuses, les sophismes subtils, les mensonges impudens, les menées secrètes et corruptrices de la ligue révolutionnaire? Sans doute elle voudrait à tout prix arrêter l'élan des forces monarchiques, et détourner leurs coups. Les fauteurs de révolutions ne redoutent rien tant que de rencontrer dans le parti royaliste une vigueur égale à leur ténacité et à leur audace. Aussi appellent-ils ironiquement jacobins les royalistes capables de leur résister, d'opposer des coups de fusils aux coups de fusils et des agressions aux révoltes. Ils vantent leurs propres succès en raison de la faiblesse qu'ils rencontrent. Hélas! l'expérience n'est donc plus une leçon, disais-je il y a huit mois; le raisonnement d'un jour l'emporte sur l'autorité des siècles; nous raisonnons quand il faudrait agir, condamnés que nous sommes à voir de grands États se dissoudre par l'égoïsme, la mollesse et la lâcheté de ceux qui les gouvernent. En vain la Sainte-Alliance a-t-elle imposé la loi de la paix à toute l'Europe; les révolutionnaires considèrent cette paix comme un esclavage, parce qu'émanée du concert des rois, elle a signalé le renversement de leur pouvoir dans la personne de Napoléon Bonaparte. On dirait que cet homme a semé les dents du dragon. Déjà Iturbide, simple colonel, s'est fait couronner empereur du Mexique, comme Napoléon fut couronné empereur des Français, comme Mina ou Balasteros, à leur tour, se feront proclamer empereur des Espagnes, s'ils parviennent à dominer l'anarchie militaire qui dévore leur pays.

A peine l'ordre pacifique émané des traités de Paris et de Vienne, a-t-il eu cinq années de durée effective, et encore ce court laps de temps a-t-il été marqué par des tentatives réitérées de révolutions, d'abord en Allemagne, puis en-deçà et au-delà de la Manche. A ces tentatives avortées, succédèrent des entreprises plus sérieuses, favorisées sous main par la faction des perfides qui assiége les rois. Quand les libéraux d'Espagne, arborant l'étendard de la révolte à l'île de Léon, soulevèrent, en 1820, les soldats, et firent contre Ferdinand VII un appel à la force, ils rouvrirent l'arène sanglante des révolutions et des catastrophes. Naples, Lisbonne et Turin répondirent aux cris séditieux des janissaires de la licence et de l'anarchie. La Grèce entière se soulevant contre la domination des Turcs, appela les Russes, autre sujet d'effroi pour l'Europe. C'est ainsi que la révolution cernée, depuis 1814, par la Sainte-Alliance, s'efforça de se dégager et d'ébranler tous les trônes. La route venait de lui être aplanie par la marche insidieuse du ministère en France : on vit alors la révolution de Naples suscitée pour couvrir celle d'Espagne, et la révolte du Piémont éclater tout à coup pour faire diversion en faveur de celle de Naples; on vit le soulèvement des provinces grecques couvrir ces différentes révolutions, et les coups de mains des révolutionnaires français les protéger toutes. En effet, que de rapports et d'analogie dans ces troubles correspondans ! La révolution d'Espagne ouvrit l'année 1820, et un mois après le duc de Berri tomba sous le poignard de Louvel; trois mois s'écoulèrent à peine, et les écoliers de Paris s'ameutèrent pour dicter des lois aux députés et au gouvernement royal; en même temps, Gravier conspirait contre un prince qui n'était pas encore né, mais que la Providence nous ménageait avec tous les signes de sa protection céleste; et c'était à cette époque même que Nantil fomentait la révolte et le parricide dans le sein de l'armée et de la garde royale: les soldats fidèles en eurent horreur.

Si, en 1821, l'Italie révolutionnaire fut comprimée par la force des armes, si le pouvoir souverain y fut mis à l'abri, la Grèce et l'Espagne restèrent en feu et l'Europe en alarmes. Aussi, qu'avons-nous vu dans les trois premiers mois de 1822? Les conspirations de Saumur et de Thouars, de Colmar et de La Rochelle, ourdies conjointement avec les échauffourées de Saint-Eustache et des Petits-Pères, pour replonger la France dans l'abîme des révolutions, pour attaquer sans détour la Sainte-Alliance et détruire le concert des rois : nul doute que le 10 août de l'Espagne n'ait été fait dans la même intention et dans les mêmes vues.

La France pourtant se montre, dans sa grande majorité, dégoûtée des révolutions et de l'anarchie. Elle voudrait rester paisible et heureuse sous le scéptre de son roi législateur, et ne plus être ni entraînée ni entamée par les apôtres des doctrines subversives. Mais le voisinage de l'Espagne en feu l'inquiète; elle porte ses regards sur cette péninsule désolée, pour en scruter la situation, pour démêler la force, les vues et les projets des partis qui la déchirent; elle voudrait savoir jusqu'à quel point on doit redouter l'influence et les effets de sa dernière crise, quel pourrait en être le résultat, et si enfin la guerre est inévitable entre les deux pays, car l'Espagne a rompu le pacte d'alliance sur lequel sont fondées la conservation de la paix et l'existence des trônes. Tel est l'objet de cet écrit sur la révolution espagnole.

Avant de sonder la profondeur des plaies de l'Espagne, j'en examinerai l'origine; j'indiquerai rapidement les traits de ressemblance de sa révolution avec la nôtre; j'en ferai ressortir en même temps les contrastes, pour en mieux établir la différence. Ce parallèle ne sera pas un pur jeu d'esprit; il ne sera même pas sans fruit et sans utilité pour l'instruction de l'historien et du publiciste, de l'homme d'état et de l'homme de cour. Puisse-t-il frapper ceux qui gouvernent les Monarchies mourantes, dans ces temps d'instabilité et de vicissitudes!

DE LA RÉVOLUTION

D'ESPAGNE,

ET

DE SON DIX AOÛT.

L'Espagne, espèce d'île continentale, a pour limites naturelles la Méditerranée, l'Océan et les monts Pyrénées. Du nord au sud, sa longueur est de deux cents lieues, sur une largeur à peu près égale. Du détroit de Gibraltar, elle aperçoit l'Afrique. Ses immenses côtes offrent pour abri plusieurs rades superbes. De hautes montagnes la traversent dans tous les sens, et lui servent comme de retranchement et de citadelles. Son sol est en général fertile, quoique la plupart de ses rivières ne soient que des torrens. Elle doit à son étendue et à la direction de ses montagnes, trois sortes de climats:

le nord est froid et pluvieux, le centre sec et chaud, le midi humide et brûlant; mais ici de ses monts élevés s'échappe une brise salutaire, qui porte la fraîcheur dans les provinces les plus voisines de l'Atlas.

Huit nations différentes ont successivement envahi et possédé l'Espagne : plusieurs dynasties, presqu'aussitôt renversées qu'élevées, y ont régné tour à tour. Ses annales offrent une suite de révolutions; mais, à trois reprises, à trois grandes époques, elle s'est reposée dans l'unité monarchique. Subjuguée d'abord par les deux grandes républiques de l'antiquité païenne, Carthage et Rome, elle tomba enfin sous la domination d'Auguste et des Césars. L'invasion des peuples du Nord y amena de nouvelles révolutions. Les Visigoths y fondèrent une monarchie régulière, qui semble avoir servi de modèle aux monarchies limitées de l'Europe. Ce fut alors que sous le nom de Conciles, l'Espagne eut ses assemblées nationales ou États-Généraux qui remédiaient aux désordres de l'État et de l'Église. La mollesse et les dissensions minèrent la domination des Goths; et dans une seule bataille, les Sarrasins ou les Maures, leur arrachèrent l'Espagne, qui fut soumise à l'empire des Califes. La chute soudaine de la monarchie des Goths fit trembler les barbares de l'Europe. Les Maures étaient des Africains, des conquérans, dont la religion, ainsi que les mœurs, se trouvaient en opposition avec la religion et les mœurs des anciens habitans, et des Goths eux-mêmes. Ceux-ci, échappés au fer des Musulmans, s'étaient réfugiés d'abord dans les antres des Asturies. Là, ils nourrissaient une haine mortelle contre les nouveaux envahisseurs. Ce sentiment, que Pélage rendit héroïque, se perpétua d'âge en âge par des guerres continuelles contre les Musulmans, sur lesquels les descendans des Goths et des anciens habitans, reconquirent pied à pied leur patrie. Pendant cette lutte glorieuse, plusieurs monarchies chrétiennes s'élevèrent dans le nord de l'Espagne : les Asturies et la Galice, l'Aragon et la Navarre, et plus tard la Castille. Le midi était occupé par des royaumes Musulmans. Les Califes Sarrasins de la race des Omiades, fixèrent leur résidence à Cordoue vers le milieu du huitième siècle. Là, commencèrent à fleurir cette galanterie, cette magnificence qui rendirent les Maures d'Espagne supérieurs à leurs contemporains dans les arts et dans les armes. Cordoue devint une des villes du monde les plus polies et les plus splendides. Pendant neuf siècles, elle brilla du même éclat; mais enfin la valeur et l'austérité chrétiennes prévalurent, et la croix triompha des Mosquées. Divisée en plusieurs royaumes, long-temps déchirée et languissante, l'Espagne forma enfin une monarchie indivisible, après l'entière expulsion des Maures; toutes les couronnes se réunirent sur la tête d'un seul prince chrétien. Vers cette époque brillante, elle sembla prétendre à la monarchie universelle.

L'Europe n'a pas oublié qu'en effectuant la découverte du Nouveau-Monde, Ferdinand et Isabelle firent de l'Espagne la plus puissante et la plus vaste des monarchies de l'univers; que Charles-Quint triomphait à Pavie, quand les premiers navigateurs espagnols faisaient le tour du monde; que Fernand Cortès au Mexique, Pizarre au Pérou, combattaient, conquéraient et assuraient à l'Europe les précieuses productions des deux Amériques. Ces aventuriers intrépides faisaient adopter leurs mœurs, leur religion, leur langage à des milliers d'Américains; formaient des agriculteurs, des artisans et des soldats; les identifiaient avec la métropole par le mobile du patriotisme. Malheureusement, le gouvernement espagnol tourna toute sa sollicitude sur l'Amérique, s'imaginant que ses mines d'argent et d'or étaient la source principale de sa prospérité et de ses richesses. Alors commence la dégénération, la décadence de l'Espagne, comme si les nations étaient sujettes aux mêmes vices, aux mêmes vicissitudes que les hommes. La mollesse et la léthargie furent à leur comble dans la monarchie espagnole, sous les derniers rois autrichiens. Épuisée alors par des guerres injustes, impolitiques; punie par le découragement et la détresse, elle ne se releva que par une nouvelle révolution qui plaça le petit-fils de Louis XIV sur le trône de Charles-Quint. Toutes ces révolutions, en laissant des traces profondes, ont modifié, mais non altéré, le caractère national : c'est à la fois l'ancien Espagnol pour la franchise, le Goth pour la fierté, le Maure pour la galanterie, et de ce mélange combiné, soit avec le christianisme, soit avec la philosophie moderne, se compose aujourd'hui le caractère de cette nation malheureuse.

La révolution espagnole actuelle, sœur cadette et dégénérée de la révolution française, n'en a et n'en aura jamais ni l'éclat trompeur ni les accès de gloire. Dans ses crimes même, elle lui est inférieure, ne pouvant lui être comparée que par la violence de sa faction perturbatrice. A la vérité, ses premiers révolutionnaires montrent plus d'énergie que nos constitutionnels de 1791, qui laissèrent évanouir honteusement l'édifice mobile qu'ils avaient élevé sur les ruines de la monarchie française.

Nul doute que l'une et l'autre révolution n'ait été amenée par les mêmes causes morales : la dégénération lente des principes religieux et monarchiques; l'affaiblissement des institutions aristocratiques héréditaires. Mais elles n'ont eu dans leur début ni les mêmes signes ni la même marche, moins peut-être par la différence des caractères des deux peuples, que par un autre ordre de circonstances et d'événemens.

La révolution française fut ourdie au sein de la paix et de la prospérité publiques par des coteries factieuses, qui eurent l'art perfide d'agiter et de séduire une nation facile à exalter. La révolution espagnole sortie du même germe, a éclaté à la suite d'une invasion atroce et d'une guerre exterminatrice. Le peuple n'y a presque pas eu de part. On doit la considérer plutôt comme une révolte de soldats associés à des conspirateurs, que comme un soulèvement imposant, excité par le délire de toute une nation.

Quand les révolutionnaires de Paris vinrent agiter, en 1789, la France et l'Europe, l'Espagne était dans le même état d'où sortait la France, c'est-à-dire, tranquille au dedans et au dehors, et à beaucoup d'égards heureuse sous le sceptre des rois Bourbons. Mais sa dégénération était plus marquée. Elle étendait sur les deux Mondes un pouvoir affaibli, ne conservant de sa haute noblesse que les titres et le faste ; de sa redoutable inquisition, que le spectre ; de ses armées et de sa marine que des débris. Son cabinet n'avait ni ressort, ni dignité ; sa cour était une arène de basses intrigues, offrant le spectacle révoltant des triomphes impudiques d'un indigne favori, amant de la reine, et par-là maître de l'État.

La France avait encore ses trois ordres distincts à l'ouverture des États-Généraux (1).

(1) En Mai 1789.

Elle avait sa magistrature et sa chambre des Pairs héréditaires; un clergé propriétaire et hiérarchique; elle possédait un roi vertueux et ami de son peuple; une cour brillante et polie, qui n'avait pas dépouillé toute pudeur; elle avait enfin une armée navale, illustrée dans une guerre récente; une armée de terre, belle, nombreuse, commandée par l'élite de sa noblesse, et que les factieux ne purent désorganiser qu'après trois ans de subornations et d'efforts.

La monarchie espagnole eut d'abord à se préserver des principes démocratiques proclamés dans Paris. Ses peuples seuls les repoussèrent par antipathie et par une sorte d'instinct. Entraînée, la cour de Madrid fit sans habileté comme sans gloire, la guerre aux meurtriers de Louis XVI et aux ennemis de l'ordre social. Mais bientôt elle se couvrit de honte en traitant avec eux. Déjà, le virus des innovations révolutionnaires s'était introduit dans les veines du corps politique; presque tout le cabinet en était infecté, de même que plusieurs grands, plusieurs généraux, un grand nombre d'officiers de terre et de mer, de commerçans et de légistes. Il ne restait intact de la vieille Espagne qu'une partie de son clergé, les moines et le peuple, qui, dans tous les temps s'est montré aussi obstiné dans ses préjugés que dans ses habitudes.

Asservie aux régicides de Paris, la cour de Madrid se montra disposée (1) à livrer son territoire à une armée française, pour aller saccager révolutionnairement l'héritage de la maison de Bragance. Voilà où la monarchie de Charles-Quint était descendue. Ses administrateurs pensaient qu'au lieu de réunir ses forces, ses ressources de tout genre et celles du Portugal pour disputer le passage à quarante mille Français, il était plus sage de les introduire au milieu de soi, de se confier à leur loyauté, et d'aller égorger de compagnie un voisin paisible, gendre et allié du roi d'Espagne.

Cette pente irrésistible, qui entraînait la Monarchie espagnole, était aperçue par tous ceux qui suivaient de près l'esprit, le caractère et les vues des intrigans révolutionnaires à qui la Cour de Madrid livrait la direction de son cabinet. Profitant de la retraite simulée du prince de la Paix, amant

(1) En 1798.

de la reine, la cabale française gagna plus d'ascendant de jour en jour. Elle fit confier le porte-feuille des affaires étrangères à un jeune homme nommé d'Urquijo, ivre de philosophie moderne, et ne déguisant même pas son attachement aux nouveautés de la révolution. Servi par d'Urquijo et par un chevalier d'Azara, Charles IV devait finir son rêve royal comme l'ont fini tous les princes subjugués par de tels conseillers. Jamais la chute d'un Empire ne fut marquée par le doigt du Ciel en caractères plus visibles.

Abusant l'Espagne par leurs feintes caresses, les régicides qui siégeaient au palais du Luxembourg, se préparaient en secret à dissoudre ce fantôme de gouvernement, le jour où ils se verraient en possession de Lisbonne. La subornation, le prosélytisme, les émissaires et le convoi des machines de subversion voyageant avec l'armée française, eussent révolutionné l'Espagne, avant même que le Portugal eût été conquis.

Ce dénoûment prévu, ne fut que retardé par l'effet de la coalition de 1799, et par l'usurpation de Bonaparte. Quand ce soldat, plein d'audace et de génie, s'emparant de la révolution française en eut surpris et envahi tous les pouvoirs; l'esprit agitateur fut un moment arrêté dans ses progrès en-deçà et au-delà des Alpes, en-deçà et au-delà des Pyrénées. Napoléon eut à s'affermir avant de reprendre et de modifier les plans des régicides, avant de se les approprier et d'essayer de la monarchie universelle. Les deux péninsules, l'Italie et l'Espagne, reçurent de lui l'impulsion, l'une par la conquête, l'autre par l'intrigue mêlée à la terreur. L'Espagne, par la lâcheté et la turpitude du favori, amant de la reine, devint un royaume tributaire du dominateur de la France.

Napoléon voulut de plus y régner : il sema la discorde dans le palais du roi, excitant le fils contre le père, irritant le père contre le fils, et ouvrant, dans la patrie du Cid, la carrière sanglante des révolutions. La cour et les grands se précipitèrent au devant de ses séductions et de ses piéges.

Nous avions fait nous-mêmes notre révolution; l'Espagne, après en avoir sucé les poisons, en reçut de nous les fléaux. Si le sentiment de l'indépendance et l'orgueil national prévalurent, c'est que le peuple, les prêtres, les moines, les jeunes gens et les femmes, s'indignèrent et entraînèrent les soldats. On courut aux armes dans toute la Péninsule. Alors commença contre les armées françaises, engagées malgré elles dans une cause inique, cette guerre nationale, mais tumultuaire et désordonnée qui, pendant six ans, désola l'Espagne. Les milices ne se signalèrent que dans la défense de ses villes et de ses forteresses, dans des surprises et des brigandages; en batailles rangées, elles ne pouvaient tenir. On trouve dans les historiens de l'antiquité qui nous ont transmis le récit de la longue lutte des Espagnols contre les Carthaginois et contre les Romains, les mêmes traits caractéristiques.

Sans l'appui des armes de l'Angleterre, l'Espagne n'eût pas résisté avec plus de bonheur, qu'aux époques où elle fut successivement envahie et subjuguée par tant de nations.

En 1808, on eût dit qu'elle se trouvait encore là pour être ravagée et exploitée par des guerriers envahisseurs, et par une domination étrangère. Ferdinand VII, proclamé après l'abdication de son père, était captif; avec lui s'était éclipsée la royauté, dont il ne restait que le protocole. A l'unité monarchique, succéda le gouvernement de plusieurs, exercé par des juntes provinciales et centrales. Remuer toutes les passions, joindre à l'enthousiasme religieux le fanatisme politique, faire concourir à la fois, pour la délivrance de la patrie, le dévot et l'athée, le royaliste et le démagogue, tel fut l'instinct de ceux qui présidèrent au déploiement de la force nationale, dans une guerre entreprise au nom d'un roi dans les fers : c'était l'héroïsme de l'anarchie. L'esprit révolutionnaire en fut alimenté et fortifié. Se trouvant maître du pouvoir au moment où les Espagnes, après six ans de convulsions et de guerre, allaient être affranchies, il enfanta la constitution des Cortès, parodie de notre démocratie royale de 1791, imaginée pour faire régner une assemblée unique et factieuse, pour avilir la couronne, et pour renverser successivement toutes les institutions monarchiques. Nos constitutionnels démolirent la royauté qu'ils avaient en face; les démagogues de Cadix renversèrent un pouvoir nominal; de la monarchie de Charles-Quint et de Philippe II, il ne restait que le nom de Ferdinand VII.

Telle était la situation de l'Espagne, quand

vers la fin de 1813, Ferdinand fut rétabli sur son trône par celui même qui l'en avait précipité, et qui chancelait sur le sien. Ce Prince médita aussitôt le renversement de la constitution détestable qu'on voulait lui imposer, et qui réduisait la royauté à n'être plus qu'une ombre. Le pas était glissant : les vues des constitutionnels espagnols paraissaient nationales; leur constitution d'ailleurs était émanée d'une autorité qui, à cette époque, était la seule légitime. L'ambassadeur d'Angleterre, en rencontrant le Roi à Valence, lui conseilla d'adopter l'œuvre des Cortès avec des modifications. Le Roi crut devoir l'annuler tout-à-fait. Il fut aidé par une partie de l'armée et par une coterie de Grands. L'intérêt qu'avait excité sa captivité, et l'attachement de la vieille Espagne pour l'ancienne monarchie, concoururent au succès de son entreprise.

Ferdinand ne se borna point à anéantir la constitution de 1812; il sévit contre les chefs du parti populaire, essayant de relever le gouvernement absolu légué à ses aïeux par les descendans de Charles-Quint : ce n'était plus le même siècle, et ce n'étaient plus les mêmes hommes. En annulant cette constitution, le Roi avait promis de convoquer les anciens Cortès, pour établir, de concert avec eux, une autre forme de gouvernement. La non-exécution de cette promesse, et des proscriptions répétées, excitèrent un mécontentement général. A peine un Prince guerrier, sûr de ses soldats, eût-il affronté les conséquences d'une conduite si impopulaire et si violente! Vouloir gouverner de son cabinet, avec les mobiles usés de la vieille Espagne, et au sortir d'une guerre qui, assurant l'indépendance de la nation, avait enflammé toutes les passions politiques, était une vue aussi fausse que pernicieuse, un système sans appui et sans base.

Il fallait créer de nouveaux mobiles : Ferdinand n'y songea même pas. On eût dit qu'il n'existait plus d'élémens royalistes dans les Espagnes; qu'il n'y avait plus ni grands, ni évêques, ni propriétaires, ni citoyens dévoués à la couronne, dont on pût composer des Cortès monarchiques, convoqués avec les modifications réclamées par les circonstances et par la disposition des esprits? Était-il donc si difficile de mettre la royauté en sûreté au milieu d'une représentation et d'une armée dévouées, qui eussent tenu en bride les agitateurs, les démagogues, et les ambitieux. La politique de Louis XVIII, à la seconde restauration, aurait dû servir de modèle à Ferdinand. Les révolutionnaires s'attendaient peu en France à une *Chambre introuvable*, et à une garde royale de vingt mille hommes d'élite, fidèles au monarque et à sa famille. Avec ces deux mobiles et des ministres de bonne foi, Ferdinand eût pu braver et déjouer toutes les trames. Peut-être fut-il arrêté par l'exemple du malheureux Louis XVI, qui avait péri pour avoir accepté la révolution ; il crut apparemment n'en devoir rien admettre, comme s'il y avait des maximes et des règles de conduite absolues en politique! La guerre civile perdit Charles Ier, elle eût sauvé Louis XVI; Henri IV transigea avec les factieux ; Louis XIII, en l'imitant, eût été détrôné.

Entouré des anciens Cortès qui avaient fait fleurir l'Espagne pendant tant de siècles, Ferdinand eût été éclairé dans le choix de ses généraux et de ses ministres : c'était le vœu que formaient tous les penseurs royalistes de l'Europe, vœu dont le vicomte de Châteaubriand était l'organe dans ses écrits pleins de force et d'éloquence. Gouverner dans un autre système, était impraticable pour Ferdinand VII. Si Louis XVIII, au lieu de régner en père, au lieu de nous rendre nos libertés, eût gouverné en Monarque absolu, peut-être Ferdinand eût pu régner de même sur les Espagnols; mais l'exemple de la France était contagieux.

Des Ministres, hommes d'Etat, auraient dû représenter à Ferdinand qu'il ne restait plus aux Rois que deux manières d'exercer le pouvoir : ou en Princes absolus, mais éclairés et actifs, toujours à cheval, l'épée à la main à la tête de leur armée, et sûrs de leur armée; ou en Princes équitables, mais politiques, amis d'une liberté sage, se mettant franchement à la tête des royalistes pour s'en faire un rempart et en régler le zèle. Dans l'état de troubles et d'hostilité où est l'ordre social, les Rois ne peuvent plus être préservés des attentats révolutionnaires que dans l'un de ces deux systèmes et dans l'une de ces deux positions. Nul doute que le gouvernement représentatif ne soit préférable dans un Etat bouleversé, qui fume encore des feux de la guerre et des commotions intestines. Telle était la situation de l'Espagne à l'époque du rétablissement de Ferdinand VII. Que d'habileté et de ménagemens n'eût-il pas fallu, non-seulement pour se maintenir, mais pour cicatriser les plaies de l'Etat! Malheureusement ce Prince fut égaré par des conseillers incapables ou perfides. Ce qui aggrava sa position, ce furent les progrès que firent en France les idées et les principes révolutionnaires, à compter de 1817 jusqu'en 1820, moins à la faveur de la Charte, que par l'impulsion clandestine d'une faction ennemie de la légitimité; ces idées et ces principes se propagèrent avec rapidité dans toute l'Europe. L'Espagne qui fermentait sourdement, les reçut avec avidité, car malgré les formes et les allures du despotisme, elle n'avait plus pour barrière ni inquisition, ni Pyrénées.

Pendant quatre ans, on fut signalé, repoussé, proscrit en France, pour peu qu'on aimât et qu'on voulût défendre la Monarchie. Le déchaînement contre le roi d'Espagne y devint contagieux, surtout parmi les révolutionnaires. Dès qu'on vit ce Prince, issu de la noble famille qui nous gouverne depuis tant de siècles, s'efforcer de préserver son peuple du fléau des révolutions, on l'outragea journellement dans des écrits mis au jour sous une influence connue et funeste. Nos libéraux qui voulaient renverser toutes les légitimités, se déclaraient hautement les protecteurs des colons espagnols soulevés contre leur Roi. Tous les jours, ils abreuvaient d'insultes les Monarques dont la politique repose sur des bases étrangères à l'esprit de révolution qui a dévasté et qui dévaste l'Europe. C'était le roi d'Espagne surtout qui était en butte à leurs invectives. Soutenir, préconiser la révolte de ses provinces d'Amérique, était leur thême quotidien.

Livrée à des conseillers incapables, exposée à tous les égaremens de l'esprit du siècle, la monarchie espagnole, jadis si bien organisée, tombait en lambeaux. Ses colonies lui échappaient par la révolte ou par la conquête. Dans l'intérieur, nul commerce, nulle industrie, nul crédit public ; les finances dans un délabrement complet, le papier de l'Etat réduit à sa valeur intrinsèque ; la force essentielle de l'Espagne, sa marine, s'affaiblissant même des renforts que la Russie vendait à son gouvernement ; l'armée négligée, confiée à des chefs équivoques, murmurant, et regrettant même les conspirateurs arrachés de ses rangs pour être envoyés à l'exil ou à la mort ; vingt mille exilés demandant leurs propriétés, leur famille, leur patrie ; les *présides* remplis des plus énergiques défenseurs de la constitution libérale ; des proscriptions successives usant même le despotisme. Et cependant la faction révolutionnaire n'était que comprimée ; elle se confédérait, et se recrutait dans l'ombre, avec une constance et un mystère qui tôt ou tard amènent le succès. La Cour et le gouvernement languissaient dans l'irrésolution et l'apathie. Le seul cabinet du Prince était actif, mais épié et mal avisé. Errante de ministère en ministère, la confiance royale ne s'arrêtait nulle part ; aussi rien de stable ; les projets remplacés par d'autres projets ; les conspirations toujours étouffées, mais toujours renaissantes. Rien d'efficace n'était opposé aux progrès occultes d'une secte qui, à la faveur du mécontentement public, étendait ses ramifications dans toute la Péninsule, ses connivences à Londres et à Paris. Et pourtant le royalisme se mourait à Madrid. Si pendant quatre ans il fut écarté et persécuté en France par la perfidie, en Espagne il fut étouffé par le despotisme. La révolte des deux Ameriques, et quatre conspirations militaires avortées, préludèrent à l'explosion que la Cour ne sut ni prévoir ni prévenir.

Le siége du mal était dans l'armée, et on la rassembla devant Cadix, foyer de la contagion révolutionnaire. Là, on laisse les troupes se morfondre dans l'oisiveté, l'abandon et le dénûment. Leur embarquement pour l'autre hémisphère, eût peut-être sauvé la monarchie et retardé sa séparation. Mais toujours la faction occulte y mettait obstacle; une partie du conseil conspirait. Il est notoire que trois ministres livraient le Roi, et que plusieurs généraux trempaient dans la conjuration. N'a-t-on pas vu l'un d'eux, d'Abisbal, s'en vanter publiquement avec le cynisme le plus effronté?

On avait vu aussi Necker et ses adhérens conspirer, en 1788, contre la monarchie, dans le conseil même du roi de France; mais ouvertement, et pour ainsi dire d'une manière légale, en sacrifiant la noblesse et en plaçant le Roi dans les intérêts de la cause populaire. Le caractère de la conspiration espagnole, fut la duplicité et la trahison. Elle éclata au mois de janvier 1820, dans l'armée expéditionnaire, cantonnée à la vue de Cadix; elle éclata, dit-on, par l'impulsion d'un comité directeur siégeant à Paris, et qui, désespérant d'effectuer sa propre révolution par des moyens constitutionnels, donna le signal de l'embrasement de l'Europe. Dans le plan général, l'Italie et la Grèce devaient suivre beaucoup plutôt l'exemple de l'Espagne; on comptait aussi sur Berlin. Par-là, on croyait non-seulement imprimer la terreur aux monarchies assaillies et les désorganiser, mais occuper et distraire la Sainte-Alliance, afin de n'avoir pas à redouter, dans les trois monarques du Nord, une troisième croisade, qui pouvait tout compromettre. C'est ainsi que les chefs de la conjuration universelle espéraient rester maîtres du pouvoir à Madrid, et successivement à Lisbonne, Paris, Naples, Rome, Milan et Turin. Un attentat horrible fit crouler par sa base cette machination si vaste et si profonde. Le drame affreux du 13 février, où fut répandu le sang d'un fils de France, devant l'Opéra de Paris, avait eu pour prologue la révolte des soldats de l'île de Léon; tous les yeux, alors fixés sur l'Espagne, se tournèrent pleins de douleur et de larmes

· l'auguste victime égorgée par un séïde
/olutionnaire. La France indignée secoua
joug des conspirateurs ; l'Espagne seule
: poussée dans l'abîme!

Ferdinand VII, menacé par une insurrec-
n militaire, resta indécis. Quel moyen de
ut lui restait-il, sinon dans des mesures
traordinaires et promptes, dans un mou-
ment militaire royaliste? Il aurait dû mar-
ıer incontinent contre les rebelles, ou se
ettre à la tête d'une armée de réserve im-
sante. Si les généraux qui allèrent com-
ttre en son nom les révoltés, avaient su le
i dans un camp ou à cheval, au lieu de le
voir morne dans son palais; s'ils l'avaient
ı entouré d'une garde fidèle, de ministres
évoués, de quelques régimens travaillés de
yalisme, grossis par un appel énergique,
.it aux vrais serviteurs de la monarchie,
s eussent mieux servi sa cause, et ceux
ıême qui la trahirent fussent restés dans
: devoir. Avec une force militaire mobile
t sûre, le Roi aurait pu, sinon maîtriser
es événemens, du moins se mettre à l'abri
les embûches, des perfides, qui l'envelop-
aient de prestiges et de terreurs dans son
ropre palais, pour en faire et le premier

instrument et la première victime de la révolution libérale. Des imputations sévères ont représenté ce Prince comme dénué d'énergie et de courage, ayant laissé passer le pouvoir dans les mains des conspirateurs. C'était la personne du Roi que ceux-ci voulaient d'abord subjuguer, pour lui faire sanctionner les funérailles de la monarchie. La même tactique n'avait-elle pas été employée avec succès contre l'infortuné Louis XVI, par les révolutionnaires en 1789? La France était encore trop royaliste alors, pour qu'on pût rien attenter contre la personne du Roi. Il fallait simplement l'asservir, sauf à l'égorger deux ou trois ans plus tard, quand la révolution serait plus grande et plus forte. Ces traditions n'avaient rien perdu de leur première fraîcheur, après un laps de plus de trente ans; une suite de catastrophes et de désastres, devait être amenée par les mêmes causes. Madrid nous a offert en 1820 le même plan, le même but, le même exemple que Paris en 1789. Pendant les deux mois que durèrent les évolutions des révoltés de Cadix, telle fut l'habileté des traîtres qui environnaient Ferdinand, que ce malheureux Prince, toujours détourné d'adopter aucun

rti énergique, ne sut mettre ni sa cou-
nne, ni sa personne en sûreté. La triste
ssource de l'émigration lui fut même ravie:
jour où il prêta serment à la constitution
:s Cortès, qu'il avait solennellement répu-
ée en 1814, il ne fut plus en réalité que le
risonnier des conspirateurs. Ici va s'ouvrir
ne nouvelle scène.

Non-seulement la faction triomphante
esta maîtresse de la personne du Roi, mais
lle s'empara aussi des forces de terre et de
ner, du commandement des provinces, de
outes les branches de l'administration. Elle
omina le conseil, elle maîtrisa les tribunaux, elle s'empara de l'opinion publique
par la voix de la presse. La révolution avait
d'autant plus de force et d'énergie, qu'elle
était à la fois militaire et civile. D'un côté
elle était proclamée et soutenue par des officiers, des soldats, des généraux qui avaient
pris part à la guerre nationale; de l'autre
elle satisfaisait l'intérêt, l'ambition, la cupidité d'un certain nombre de légistes, de
commerçans, de bourgeois et de nobles,
qui, pendant les six années d'interrègne,
avaient exercé le pouvoir, et qui depuis s'é-
taient vus écartés ou froissés par le rétablis-

sement de l'autorité du monarque. La réaction fut complète : on vit les royalistes dénoncés, poursuivis, emprisonnés, livrés aux tribunaux sous le nom odieux de *serviles*, comme on les avait vus en France, proscrits ou massacrés sous le nom d'aristocrates.

La réunion des Cortès présenta bientôt le foyer d'une assemblée unique, sans contre-poids légal, et dont l'ascendant révolutionnaire fut irrésistible. Elle balança un peu l'influence du mouvement militaire commencé devant Cadix par deux colonels, Riégo et Quiroga, jusqu'alors ignorés et obscurs. L'un, pendant la crise, était resté renfermé dans l'île de Léon, se bornant à y arborer l'étendart de la révolte ; l'autre en était sorti à la tête d'une colonne de quinze cents hommes, pour soulever l'Andalousie ; mais sa troupe, quoique poursuivie mollement, avait été presqu'entièrement anéantie ou dissipée par les troupes royales. Ils étaient l'un et l'autre dans une situation désespérée, quand les affiliés de Madrid, à l'aide d'un nouveau mouvement imprimé à la Corogne, parvinrent à effrayer, à subjuguer leur Roi sans défense. Tels étaient les deux héros du jacobinisme militaire espagnol; on leur décerna des récompenses et des honneurs, car à Madrid comme à Paris, c'est de l'or et du pouvoir que veulent les entrepreneurs de révolutions.

Le parti royaliste ne s'étant montré nulle part, n'en fut que plus facilement asservi. S'inquiétant moins de la monarchie que de leurs richesses, les Grands d'Espagne, pendant et après l'événement, se tinrent à l'écart dans une honteuse inaction. Au moins en France, la noblesse délaissée par la couronne, proscrite par les factieux, émigra d'abord, et prit les armes ensuite, pour défendre sa cause et celle de son Roi. Le clergé de France essaya aussi, avec autant de zèle que de courage, de résister au torrent. Seul, le clergé espagnol a montré le même esprit d'opposition aux progrès du pouvoir révolutionnaire; aussi a-t-il été exposé le premier aux foudres des ennemis de la religion et des Rois. On a sur-le-champ attenté à ses biens.

Il était visible que la constitution des Cortès n'était que l'organisation d'un gouvernement transitoire, calculé pour les cir-

3

constances et même pour les personnes; que sous les dehors d'une démocratie excessive, et inexécutable, elle tendait à concentrer l'autorité entre les mains d'une seule assemblée peu nombreuse, favorable au secret, ayant une action unique et perpétuelle, renouvelée par des élections au fond très-oligarchiques : point de balance de pouvoir, point de représentation des divers intérêts sociaux; au total, une dictature partagée qui, selon les temps et les hommes, doit se dissoudre si elle reste constitutionnelle, ou se dévorer par sa propre action, si elle devient tyrannique.

Le parti dominant débuta par un acte d'oppression, en réduisant à une véritable condition d'îlotes, ou plutôt à celle des parias de l'Inde, soixante-neuf membres des Cortès précédens, qui, à la rentrée de Ferdinand, avaient protesté en faveur de l'autorité royale, et auxquels depuis on avait donné le nom de Perses. C'était infliger à la loi un effet rétroactif; c'était introduire dans la législation, en y créant l'arbitraire, un germe de représailles; c'était faire une loi contre soi-même; c'était dresser l'arrêt de sa propre condamnation. C'est avec ces doctrines, que la Convention nationale était devenue l'effroi de la France et de l'Europe.

Bientôt l'esprit d'oppression entraîna la majorité des Cortès, et tout fit pressentir que les libertés de la nation espagnole seraient avant peu envahies. Et alors quel affligeant spectacle allait offrir ce peuple, qui, après avoir étonné l'univers et préparé à la postérité un magnifique objet d'admiration, tant qu'il avait défendu son indépendance contre un ennemi extérieur, la perdrait tout entière sous le joug de quelques dominateurs démagogues.

Nos constitutionnels de 1791 avaient enlevé à Louis XVI toutes les prérogatives attachées à la dignité royale. Dès la première réunion des Cortès, on fit sanctionner à Ferdinand les mêmes concessions. La suppression des ordres religieux, l'abolition des majorats, ne furent que la traduction des décrets rendus en France par les premiers révolutionnaires. Louis XVI avait été arraché de sa résidence de Versailles, pour être conduit triomphalement prisonnier aux Tuileries. L'adresse de la municipalité de Madrid, sous la date du 22 novembre 1820, peut figurer avec tous les actes officiels du trop fameux 6 octobre : il n'y manquait que des têtes coupées, que des piques surmontées de trophées sanglans; mais l'agitation, les trames, les signes anarchiques étaient les mêmes. Ces rubans, avec l'inscription : *la constitution ou la mort*, qu'attachent à leurs chapeaux les démagogues de la Péninsule, et dont leurs femmes font leur parure, ne sont qu'une imitation de nos rubans à la devise : *vivre libre ou mourir;* ces chansons patriotiques, dont le refrein est *liberté*, ne sont que la traduction de celles que nous avons entendues dans notre première effervescence; ces cris : *à bas les moines, à bas les nobles*, ne sont que l'écho de ceux qui ont été si long-temps parmi nous les sinistres précurseurs des incendies et des massacres. La première représentation faite au roi d'Espagne, et dans laquelle on remarque ce passage : « Le dé» sordre part de votre maison, de votre » aumônerie, de ceux qui feignent le plus » d'attachement à votre personne sacrée, » ne fut-elle pas calquée sur les insolentes injonctions faites à Louis XVI, pour qu'il éloignât de sa personne ceux de ses serviteurs auxquels il était le plus attachés, et dont on lui avait aussi *imposé le sacrifice le plus douloureux à ses sentimens.* Telles furent les propres paroles de Ferdinand, en annonçant aux Cortès le renvoi de son confesseur et de son majordôme. La dislocation des troupes préposées à sa garde ne fut-elle pas également opérée dans la maison militaire du roi de France, en 1790? Enfin, le palais de Madrid, n'est-il pas ce que fut le palais des Tuileries, une maison d'arrêt? Ainsi, en faisant des concessions à ses sujets révoltés, Ferdinand avait déposé pour ainsi dire le sceptre, et livré sa couronne.

On vit en Espagne, comme on l'avait vu en France, une minorité séditieuse, formant à peine les trois centièmes des habitans, dicter des lois à la nation, et après avoir contraint le Roi d'accepter la constitution de 1812, sans aucune modification, forcer les Cortès eux-mêmes, contre le vœu secret de leur propre majorité, à renverser de fond en comble toutes les anciennes institutions; on la vit exercer son despotisme sur les propriétés, les dignités, les emplois, les personnes et les opinions ; poursuivre d'une manière atroce ceux qui paraissaient seulement désapprouver ce système désastreux. Peut-il exister une plus révoltante oligarchie, que celle qui pèse sur la masse d'une nation tremblante et sans défense et qui lui est imposée par une minorité résolue et armée ? Etablissez le principe de la souveraineté du peuple, et vous justifiez toutes les usurpations de ce genre. Ce dogme met la constitution espagnole en opposition avec les principes essentiels de toute société, en contradiction avec elle-même, et en guerre permanente avec les gouvernemens légitimes.

Le parti dominant crut se débarrasser des officiers généraux les plus exaltés et les plus dangereux, en leur conférant des commandemens dans les provinces. Riego, par exemple, devenu si cher aux démagogues, pour avoir ajouté aux machinations contre son Roi l'outrage et l'insulte, fut envoyé en Aragon. La Navarre était comme échue à Espoz Mina, surnommé le héros de la Navarre, pour y avoir fait une guerre de brigandage pendant l'invasion française ; c'était l'un des chefs principaux du parti jacobin militaire, lié plus particulièrement avec les coryphées du parti libéral de Paris. D'autres généraux, tout aussi forcenés, agissaient plutôt en chefs de parti, qu'en officiers délégués par le Roi dans les commandemens qui leur étaient décernés. Le seul Quiroga, uniquement célèbre par sa révolte de l'île de Léon, se fit courtisan, et parut vouloir éluder toute occasion de s'éloigner de la capitale.

La même faction nommant dans les provinces, des chefs politiques, pour y être les dépositaires et les régulateurs du pouvoir nouveau, épia les fonctionnaires publics, alluma les passions populaires, organisa les émeutes contre les royalistes et les mécontens, prononça et effectua les incarcérations, dressa des listes de proscrits, en un mot exerça toute la dictature révolutionnaire. On voyait clairement que les libéraux espagnols avaient retenu les leçons de tyrannie données avec tant de fracas et de cruauté par la Convention, par le Comité de salut public, par le Directoire et par le Gouvernement impérial : tant il est difficile au pouvoir dont la source est criminelle, de s'exercer autrement que par des actes d'oppression !

La pénurie des finances étant la plaie la plus sensible de l'Etat, c'était de l'argent qu'il fallait aux régénérateurs de l'Espagne. Ils choisirent Paris, réputée alors la métropole du libéralisme, pour y ouvrir un emprunt. A cet effet, les habiles de Madrid accréditèrent le comte de Torreno, principal meneur des Cortès, et chef de la faction civile. C'était d'ailleurs un prétexte si naturel de conniver avec les libéraux d'un royaume voisin si tolérant, dont les ministres affectaient pour les affaires de la Péninsule la plus froide insensibilité. Le comte de Torreno vint à Paris s'aboucher avec tout ce que Paris renferme de plus marquant, de plus influent dans le parti révolutionnaire. Si l'emprunt fut décrié par les royalistes, il fut prôné, protégé et rempli par les affiliés et les intéressés. L'Espagne libérale eut bientôt une caisse, un trésor grossi par les dépouilles des églises, par la vente des biens dits nationaux, et, par un système de déprédations. Elle eut aussi une propagande à l'instar de l'ancienne propagande des jacobins de Paris. Nous verrons tout à l'heure quel usage firent de ces ressources les apôtres et les fauteurs de la révolution de Madrid.

Après avoir forcé le Roi d'éloigner ceux de ces serviteurs qui lui inspiraient le plus le confiance ils répétèrent à Madrid contre e prince tout ce qui s'était fait à Paris ontre le malheureux Louis XVI. Non-seulement le Roi, mais toute la Maison de Bourbon fut insultée dans des émeutes où e faisaient entendre des chants frénétiques els que *laïron, laïron, muera todo Borbon,* ça ira, ça ira, périssent tous les Bourbons). La maison royale de France fut outragée d'une manière atroce vers la fin de janvier 1821 sur le théâtre appelé du *Prince.* On y représenta aux yeux de nombreux spectateurs le forfait du 21 janvier. Le couronnement du buste de Riégo forma la petite pièce. Ce fut comme le prélude d'une scène horrible. Le 4 février suivant, dans une nouvelle émeute combinée, des brigands lancèrent des pierres sur la voiture du Roi en criant : *Muera el Rey;* ils attaquèrent ensuite ses gardes-du-corps, provoquant par des clameurs leur licenciement qu'ils obtinrent après avoir fait emprisonner les plus fidèles d'entre eux : car il fallait que les tribulations de Ferdinand eussent aussi cette conformité avec les persécutions suscitées à Louis XVI. Ces événemens avaient une secrète connexion avec d'autres événemens qui se préparaient hors de l'Espagne.

Depuis l'attentat du 13 février, le mouvement rétrograde de la France dans la carrière des révolutions, contrariait trop la *marche du siècle* pour que les révolutionnaires de Madrid, de concert avec ceux de Paris et de Londres, ne fissent pas quelques efforts, afin d'embraser le midi de l'Europe. Naples, Lisbonne et Turin, répondirent successivement à leur signal de révolte. L'influence espagnole fut visible dans ces trois capitales; à Turin surtout, les intrigues de l'ambassadeur d'Espagne (Bardaxi), pour faire prévaloir la constitution des Cortès, ne purent se dérober à l'investigation la plus superficielle. Des mouvemens correspondans eurent lieu près de nos frontières, dans la Navarre, où commandait Espoz Mina. Lié avec tous nos révolutionnaires il tint parole à ses *Amis* de France. Au moment même de la révolte du Piémont et de la sédition de Grenoble, il forma deux corps de l'autre côté des Pyrénées, composés de militaires français ennemis déclarés de la maison royale. C'etait avec ces transfuges, portant la *cocarde tricolore*, qu'il espérait soulever le midi de la France, et y tenir au moins en échec les nombreux partisans des Bour-

ɔns. Mais la France resta immobile, la ma-
rité de sa représentation étant redevenue
ɔyaliste comme en 1815 et en 1816. Sans
changement important dans son système
présentatif, elle était perdue, et l'Europe
ntièrement bouleversée. Les misérables ré-
ıltats des entreprises anarchiques de Naples
du Piémont, la fermeté du roi Charles
élix, les succès de l'Autriche et l'immobilité
e la France, ne changèrent rien à l'état po-
tique de la Péninsule; elle resta livrée à
esprit d'insubordination et de révolte.

Les souverains qui s'étaient réunis d'abord
Tropau, puis à Laybach, pour éteindre
n Italie le feu des révolutions, eussent
ésiré qu'au moment même où l'armée
utrichienne marchait sur Naples, le chef
le la maison de Bourbon eût montré quelques forces sur les frontières d'Espagne.
Cette seule démonstration eût peut-être raf-
ermi Ferdinand VII sur son trône; car, de
nême que les rois de Sardaigne et de
Naples, il n'avait pas à lutter contre une
évolution nationale, mais contre une conspiration. Un tel plan contrariait trop le sys-
ème d'immobilité adopté par le ministère
français d'alors. Les révolutionnaires de Ma-

drid ne l'ignoraient pas. Ils se vantèrent, dans l'assemblée même des Cortès, qu'ils avaient la France pour avant-garde contre les souverains signataires de la déclaration de Laybach. En effet, le ministère par une démarche insidieuse, avertit, dit-on, les souverains réunis que s'ils avaient en vue de rétablir le roi d'Espagne comme ils avaient rétabli le roi de Naples, et en faisant passer une armée d'Italie en Espagne par notre territoire, ils compromettraient l'existence de la dynastie française. On ajoute que l'empereur Alexandre dit à ce sujet : « Le mi- » nistère français est bien pressé d'avoir » peur, » témoignant ainsi son étonnement de ce que les ministres du Roi supposaient par leurs dépêches des desseins qui ne leur avaient pas été communiqués.

La conduite du ministère français au sujet de l'Espagne excita les clameurs des royalistes : « Nous prouverons quand il en sera » temps, dirent-ils, par des faits positifs, » que si le roi d'Espagne dépouillé de toute » son autorité ne l'a pas recouvrée en » même temps que le roi de Naples, les » Cortès en ont toute l'obligation au mi- » nistère, qui a préféré les intérêts révoluionnaires à la cause de la civilisation et le la chrétienté. S'il eût été mû par des notifs de gloire et de saine politique, il ,e serait empressé de concourir à étouffer a révolution en Espagne, et il nous eût ait reprendre notre considération en Europe. » Ne se bornant pas à des plaintes nères, les royalistes posèrent aux ministres ce dilemme : « Ou vous ne voulez pas rétablir l'ordre en Espagne ou vous ne le pouvez pas. Si vous ne le voulez pas, vous compromettez les intérêts de la France monarchique et vous trahissez l'Europe qui a rétabli notre Roi sur son trône ; vous trahissez les intérêts les plus chers de la maison de Bourbon ; vous abandonnez tout le fruit de la politique du plus puissant de nos Rois; enfin vous sacrifiez le commerce de vingt départemens de la France, et vous exposez nos frontières à l'irruption des bandes anarchiques. Si vous ne le pouvez pas, vous êtes forcés d'avouer qu'une telle impuissance est le résultat de votre déplorable système. » Les partisans du ministère alléguaient que la France, encore toute couverte de blessures, ne pouvait s'exposer au moindre choc sans risquer de périr. Ils les excusaient de s'être bornés à ouvrir des relations avec les fauteurs de l'anarchie tyrannique qui désolait l'Espagne dans l'espoir de les adoucir, de les amener à des concessions favorables au maintien de l'autorité royale, et d'introduire, par les voies de la diplomatie, dans la constitution espagnole des changemens qui l'eussent rapprochée davantage de la constitution française. D'autres, à portée d'être mieux informés, attribuaient ces démarches moins au ministère qu'au personnage qui représentait le roi de France à la cour de Madrid. Pressenti, le ministère espagnol qui était sous l'influence des factieux resta inébranlable. Il n'y avait plus de recours que dans la formation d'un autre ministère constitutionnel. Tel fut le parti auquel s'arrêta Ferdinand VII, et qu'il parvint à mettre à exécution malgré la brigue des Cortès et des principaux chefs de la révolution de 1820.

Les royalistes castillans s'étaient enhardis, croyant à une prompte intervention que le ministère français déclinait avec tous les subterfuges de la diplomatie. Ils eurent recours au moyen violent de l'insurrection ; mais, dans es entreprises mal concertées, sans être ni vouées, ni soutenues, n'ayant pour chefs que es curés intrépides, ou des contrebandiers udacieux. Ces tentatives décousues ne firent u'aggraver leur situation. L'acte adopté par s Cortès dans les séances du 15 et du 16 vril 1821, qui livrait tout Espagnol prévenu de conspiration ou de machination contre a Constitution, à la justice prévotale et militaire, peut être comparé aux décrets les lus violens de la Convention. De plus en lus irrités, les révolutionnaires se précipièrent aveuglément dans les excès d'une lémocratie féroce. Quand ils virent le roi changer de ministres, et les Cortès ordinaires terminer leur session, ils s'inquiétèrent de ce que le gouvernement était à la veille de suivre une marche un peu plus indépendante. Ils résolurent alors d'avoir recours à la terreur et aux émeutes pour forcer le roi de convoquer les Cortès extraordinaires : la crise fut convulsive. Pour imprimer encore plus l'effroi, ils décident de massacrer le prêtre Venueza, arrêté au commencement de 1821 parce qu'il répandait parmi le peuple des proclamations contre les tyrans de son pays. Des assassins soudoyés pénètrent dans sa prison et le trouvent à genoux devant un crucifix et une image de la vierge ; il venait d'entonner le *credo* quand un dernier coup de massue envoya cette ame résignée à la source de tout bien. Fidèles imitateurs des *septembriseurs* de Paris, les assassins passent de la prison du malheureux Venueza, qu'ils viennent d'immoler, à celle ou était enfermé le chef des guérillas royalistes *l'Abuelo* pour le massacrer aussi. Un simple caporal à la tête de quatre hommes empêche les brigands de consommer ce nouveau crime.

L'exaltation la plus fougueuse animait les bandits révolutionnaires réunis à la *Fontana d'Oro*. On n'y parlait que de déposer le Roi, de changer la constitution, de proclamer la république, de massacrer tous les royalistes. Le Roi crut ôter tout prétexte aux émeutes en convoquant les Cortès extraordinaires.

Vers cette époque, les révolutionnaires espagnols parurent se diviser entre eux, inconvénient inévitable pour toute faction qui triomphe.

Dès l'origine, on avait aisément démêlé en Espagne deux classes de libéraux, de même qu'à Paris, en 1790, on avait remarqué deux sectes de patriotes, les modérés et les enragés, les constitutionnels et les jacobins. Mais dans les deux pays l'apparente modération des premiers n'a tenu, et ne tient qu'à la différence de leur position; elle n'est d'ailleurs que comparative. A Madrid comme à Paris, les constitutionnels qui s'étaient emparés du pouvoir, n'avaient d'autres vues et d'autre but que de le garder, afin d'exploiter exclusivement l'État, au profit de leur cupidité et de leur ambition. Formant la *députation permanente*, dont le principal objet est de surveiller la conduite du gouvernement c'est-à-dire de gouverner, ils avaient rempli le conseil d'État et le ministère de leurs créatures, et avaient fait nommer la majorité des chefs politiques.

Sûrs de dominer dans les Cortès, et jusque-là ayant disposé du ministère à leur gré, les constitutionnels espagnols ou révolutionnaires de la faction civile, crurent aussi gouverner avec un fantôme de Roi. Ils ne s'attendaient pas à la lutte que leur préparait la faction des *communeros* (républicains et jacobins), à laquelle se joignit la faction militaire qui aspirait aussi à compléter la révolution, c'est-à-dire à renverser tout-à-fait le Roi et la monarchie. Ces derniers veulent se saisir du pouvoir en l'arrachant aux constitutionnels. La scission, parmi les révolutionnaires d'Espagne, fut presqu'en tout semblable à la scission des constitutionnels et des jacobins en France, pendant les années 1791 et 1792. En Espagne, elle s'est prononcée et aggravée plus rapidement qu'en France, sans même avoir besoin du prétexte d'une agression étrangère : là, toutes les passions, et les passions politiques surtout, sont plus marquées et plus violentes. A tant de traits de ressemblance entre les deux révolutions, joignons encore celui-ci : Paris a eu ses *sans-culottes;* Madrid a ses *escamisados* (sans-chemises) qui servent, comme servaient jadis les sans-culottes parmi nous, d'instrumens et de satellites à une démagogie sanguinaire.

Mais déjà les constitutionnels redoutaient l'influence toujours croissante des sociétés qui sous le nom de *communeros* s'étaient établies de toutes parts; qui, fortifiées par une partie de l'armée, et conduites par des conspirateurs, devenaient complices des attentats les plus coupables.

Le parti qui voulait encore du Roi, fit dans le général Morillo, de retour d'Amérique, l'acquisition d'un officier ferme, capable et aguerri. Antagoniste de Bolivar, chef heureux de l'indépendance américaine, Morillo n'en avait pas moins défendu avec autant de zèle que de courage, la cause de la métropole et de la couronne. Aussi son nom, justement célèbre, était-il déjà redouté des perturbateurs de la Péninsule. Pourvu du commandement de Madrid, et honoré de la faveur du Roi, il tint tête aux factieux, fit échouer des tentatives de bouleversement, et n'eut qu'un instant de faiblesse, qui lui fit donner sa démission. Réintégré bientôt, il aida les chefs constitutionnels à fermer l'antre du jacobinisme espagnol, la *Fontana d'Oro*, où se rassemblaient les hommes les plus emportés du parti anarchiste. On parvint même à suspendre, dans les provinces, la tenue publique des sociétés populaires. Mais ces actes partiels de répression, ces palliatifs n'atteignaient pas le mal dans sa source. L'Etat était rongé par une plaie incurable. Le parti gouvernant, dominé lui-même par les idées libérales, ne prenait que des demi-mesures; loin d'oser ou de pouvoir sévir contre les démagogues, il n'employait que les ménagemens, et s'efforçait de les gagner, soit par des largesses, soit par de nouveaux emplois qui leur donnaient encore plus d'audace, plus de moyens d'ourdir et de suivre leurs funestes complots. C'était la guerre entre la France monarchique et l'Espagne révolutionnée, que rêvait ce parti, dont Riego et Mina se déclaraient les chefs. Le foyer du nouvel incendie était entretenu à Saragosse, à Pampelune, à Barcelonne, à Cadix et à Séville. La Navarre et l'Aragon, où commandaient Mina et Riego, devinrent, ainsi que la Catalogne, le réceptacle de tous les aventuriers, de tous les bannis et de tous les transfuges de la France et de l'Italie; leurs projets ne furent pas même déguisés. Au moment où parut l'impudent et ridicule manifeste de Cugnet de Montarlot contre le gouvernement des Bourbons, Riego et Mina faisaient des mouvemens qui ne laissaient plus aucun doute sur leurs vues hostiles. Ils étaient à la veille de s'emparer dans ces deux provinces de toute la puissance publique; ils étaient tout prêts à réunir sous leurs ordres une armée de fanatiques et de brigands, pour marcher dès-lors, non-seulement sur Madrid et y détrôner Ferdinand, mais encore sur la France même, avec le drapeau tricolore, dans les plis duquel, selon l'expression d'un de nos plus éloquens magistrats, ils nous eussent apporté la guerre, la peste et l'anarchie.

Mais soit que l'entreprise fût prématurée, soit que le nouveau ministère espagnol fût sur ses gardes, Riego et Mina trouvèrent une forte opposition dans les chefs politiques de leurs provinces, et dans les mesures du gouvernement. On se contenta, car on n'osa point sévir, de changer le commandement des deux généraux, d'envoyer l'un à Lérida, l'autre à la Corogne, pour rompre et déconcerter les trames des conspirateurs. Par là, le parti dominant ne fit que suspendre et retarder l'explosion. Dans ces graves conjonctures, que faisait le ministère français? il restait immobile. Sans être ni abattu, ni affaibli, le parti des *communeros* renoua ses intelligences, et cimenta sa ligue avec plus d'audace encore. On l'eût même vu agir incontinent, sans l'effroyable peste qui, dépeuplant Barcelonne, jeta l'effroi dans toute l'Espagne orientale. L'héroïque patrie de Pélage et du Cid devint tout à coup la proie de deux fléaux. L'un chassé de France, réfugié sur les bords de l'Ebre et du Tage, avait dégradé la majesté royale et bouleversé l'Etat. L'autre venu d'Amérique menaçait sa population. Sur ces deux calamités vint planer l'ange exterminateur. Il frappa les murs de Barcelonne, d'où partit un cri d'alarme qui retentit dans toute l'Espagne. A ce cri, la peste et la guerre civile fondent sur ses plus belles provinces. Alors plus de lois, plus de chefs ; tout ordre cesse, et, pour conquérir du pain, un peuple de spectres arme ses mains mourantes ; le délire s'empare des esprits, et le désespoir faisant taire tous les sentimens de la nature, le père craint son fils, le frère s'arme contre le frère, l'épouse redoute l'époux, le vieillard expire abandonné. Le clergé et les religieux se montrent seuls des prodiges de charité. Mais rebelles à Dieu, infidèles à leur Roi, les démagogues d'Espagne méprisant la religion de leurs pères, repoussent ses ministres et leurs consolations. Il ne lui fut pas même permis de trouver un seul imitateur dans le royaume catholique, à cet héroïque Belzunce qui dans les murs de Marseille brava la peste malgré son activité dévorante! Des frénétiques, égarés par des maximes perverses, se mirent hors de la religion, comme leurs devanciers en France se mettaient hors de la loi.

Tout un peuple s'exila de ses foyers et de ses remparts, croyant échapper par la fuite à l'inexorable fléau. Mais hélas! que trouve-t-il hors de ses murailles? ses propres soldats armés contre lui-même, le rejetant dans la ville à coups d'épée, à coups de baïonnette, à coups de canon. Il est forcé d'y rentrer; et la famine dispute à la peste ce malheureux peuple dévoué à la mort. Aucune force militaire ne peut d'abord suspendre les progrès de la contagion. La peste ne s'arrête pas dans Barcelonne. De ses murs infectés, elle étendit ses vapeurs mortelles sur Malaga, sur Murcie; Séville même fut atteinte; Tortose périt tout entière. Les cercueils succédaient aux cercueils; l'airain sacré se taisait et les églises restaient muettes. En vain la médecine secourable épuisa-t-elle ses secrets, elle ne reçut que les soupirs des agonisans, les râlemens de la mort. Au milieu de la désolation générale, étaient arrivés de France des courageux médecins, envoyés par la France royaliste. Un sublime dévouement les animait; ils amenaient avec eux l'espérance au milieu de ce peuple de mourans, qui se traînait à genoux vers ceux qu'il nommait ses libérateurs. Ces visages livides se ranimant, la discorde éteignit un moment ses flambeaux; la faux de la mort ne frappa plus à coups si redoublés. A ces héros de l'humanité, se joignirent ces vierges intrépides, ces servantes volontaires des maux de l'indigent, qui, mues par une charité sainte, se vouent à la mort pour borner ses conquêtes. Il fallut laisser triompher la mort. Ni ses ravages, ni l'aspect des cadavres, ni le silence des tombeaux, ne purent imprimer aucune crainte salutaire à ces frénétiques ennemis de Dieu et des Rois. Ils n'en eurent que plus d'activité, plus d'audace pour le crime.

La lutte, entre ceux qui soutenaient le monarque pour s'en faire un rempart et garder l'autorité, et ceux qui voulaient le précipiter dans une catastrophe, pour s'emparer de tous les pouvoirs de l'État, prit un caractère plus décidé et plus effrayant. Les deux partis s'aigrirent par des récriminations réciproques, envenimées dans des écrits publics. Le comte de Torreno, réputé le chef es Constitutionnels, fut signalé, comme herchant à voiler par des intrigues, un décit de trente millions de réaux dans le trésor public, et décidé à maintenir au timon e l'Etat des ministres prévaricateurs, impoulaires, ses créatures et ses complices. Selon les suppositions les plus plausibles, cette léprédation énorme aurait pris sa source lans les intrigues et les largesses du cabinet ibéral de Madrid, pour cimenter les révoluions de Naples et du Piémont, et pour fonenter des troubles en France. Ce n'était pas contre la destination de ces subsides révolutionnaires, que se récriait la faction, nais contre leur emploi stérile.

Telle était, vers la fin de novembre, la situation respective des deux partis qui se partageaient l'Espagne libérale, quand les acobins militaires décélèrent ouvertement l'intention d'en venir à la catastrophe finale. Rien ne put les en détourner ; ni les ravages récens, ni les traces d'une contagion à peine éteinte. La discorde et la guerre, telle est la diversion impie qu'imaginent les démagogues de l'armée pour assouvir leur ambition.

Riego leur chef, précédé par les émissaires de sa faction, arborant partout le ruban vert qui en est le signe, parcourut les garnisons, les cantonnemens, les places de guerre, faisant partout un appel aux anarchistes, qui, groupés autour de lui, le saluèrent des cris : *Vive l'empereur Riego !* La fière et loyale Espagne, proclama ainsi d'avance pour son dominateur et pour son maître, un Riego qui, pour toute illustration, n'offrait qu'un acte de révolte qui avait failli tourner à sa confusion; que des entreprises anarchiques dignes d'un chef de bandes; que le honteux exploit d'avoir chanté avec une criminelle impudence, à la face de son Roi dépouillé, une chanson régicide. Quelle dégénération de l'esprit castillan ! Quoi ! c'est un Riego que les janissaires de l'Espagne libérale, prétendent élever sur le pavois pour en faire la parodie de notre empereur révolutionnaire! Napoléon n'aurait pour imitateur que des Riego, des Quiroga, des Pépé, des Ansaldi! Du moins son front était ombragé des lauriers d'Arcole et des Pyramides, quand il vint s'emparer du pouvoir, et ce fut au vainqueur de Marengo que l'Empire fut décerné par une armée de braves. La France n'eut point à rougir, mais l'Espagne!.... Mânes de Pélage et du Cid, de Fernand Cortez, et de Gonzalve de Cordoue, sortez de vos tombes illustres, et, au nom de la noble et fière Castille, manifestez votre indignation! Si la subversion de l'Espagne, n'a pu s'opérer que par d'indignes instrumens, espérons que cette terre classique des héros, ne restera pas long-temps frappée de stérilité, et qu'elle en reproduira de nos jours pour le salut de tous. Puissent les épreuves qui lui restent à subir ne pas la déshonorer!

Poursuivons le récit de ses mouvemens anarchiques. La faction jacobine se montrait décidée à l'emporter par la terreur et par la violence. A Saragosse, elle se servit du nom du peuple pour déposer le premier magistrat du peuple et de la province. A Cadix, elle obligea les autorités civiles et militaires à désobéir aux ordres du monarque. En Galice, Mina s'efforça de séduire tous les ordres pour leur faire signer des représentations illégales. A Séville, on ramassa des signatures inconnues ou salariées pour les mettre au bas d'une adresse rebelle. De tous côtés on se déchaîna contre les ministres, contre le Roi et son gouvernement, comme s'ils eussent été imposés par quelque tyran étranger. On leur imputa de prétendus griefs;

les révolutionnaires soutenaient qu'ils peuplaient les tribunaux d'hommes que l'opinion réprouve; qu'ils comprimaient l'esprit public, qu'ils introduisaient le mécontentement dans l'armée , et luttaient ouvertement contre la volonté du peuple. Ces accusations étaient non-seulement dirigées contre le Roi, mais contre le conseil d'Etat, contre la députation permanente , contre les Cortès extraordinaires ; ce n'était partout que prétextes pour saper les derniers fondemens du trône.

En effet, la confédération jacobine était bien moins dirigée contre les ministres , que contre le gouvernement monarchique. Après avoir renversé le ministère, elle comptait proposer l'épuration du conseil d'État, puis l'élimination de tous les députés que la faction désignerait comme *serviles.* Ne se bornant point à des pétitions , à des représentations insolentes, elle donnait le signal à Cadix , à Séville, à la Corogne, pour ne plus reconnaître le gouvernement, et commencer la guerre civile. Le chef politique Juregui s'érige à Cadix en commandant général indépendant de la couronne; l'officier général baron d'Andilla, envoyé pour prendre le gouvernement de la province , n'est ni çu, ni reconnu. A Séville, le général qui commande prend ouvertement le parti des nemis du Roi. Mina rassemble les milices ıx environs de la Corogne, y paraît avec ne attitude hostile, frappe des contributions et prend des ôtages. Le faux bruit de marche à la tête de trente mille hommes répand aussitôt pour effrayer et déconerter la Cour.

Cependant les Cortès venaient de décider u'on ne prendrait point en considération es représentations de Séville et de Cadix, our le renvoi des ministres. Le comte de 'orreno prononça un discours à ce sujet, où l démontra combien était criminelle, d'arès la constitution, la conduite des autoités locales, qui résistaient aux ordres positifs du gouvernement.

La députation permanente, s'étant réunie ux ministres, arrêta qu'une circulaire serait envoyée à toutes les autorités de l'Andalousie, pour qu'elles n'obéissent en rien à celles de Cadix et de Séville, qui étaient en pleine rébellion. On espérait rompre la coalition menaçante des provinces, dans laquelle entraient la plupart des premières autorités. Les ministres firent aussitôt des changemens notables dans les emplois civils et militaires.

Il était visible que tous ces désordres provenaient des vices d'une constitution impraticable, où la populace et les soldats pouvaient à chaque instant faire trembler l'autorité royale.

Mais, tel était l'ascendant des idées libérales, que nul n'osait signaler les vraies causes de la crise. Pourtant le mal ne fut point pallié. Un écrit intitulé : *la Patrie en danger*, sortant des bureaux du ministère, déchira une partie du voile, et fit connaître l'état de la malheureuse Espagne. « Braves Espagnols,
» disait l'écrit ministériel en terminant son
» effrayant tableau, maintenant que vous
» connaissez les perfides desseins de ceux qui
» vous entourent et cherchent à vous séduire,
» c'est à vous de frustrer les espérances cou-
» pables des agitateurs. Parlez, dites haute-
« ment que vous désapprouvez la rébellion
» manifeste, par laquelle plusieurs villes se
» refusent d'obéir aux ordres constitution-
» nels de l'autorité légitime. Montrez de la
» vigueur et de l'énergie, et bientôt vous ver-
» rez disparaître cette faction désorganisa-
» trice, qui veut vous entraîner dans la

guerre civile et dans les terreurs d'une anarchie révolutionnaire. Il s'agit de la constitution et de la liberté, et les factieux travaillent avec une telle activité et un tel accord, que pour peu que vous soyez négligens, pour peu que vous hésitiez de prendre des mesures promptes, vous verrez le trône renversé, la liberté perdue, le désordre régner, et notre malheureuse nation soumise de nouveau à un despotisme cruel. »

Tel était aussi le langage que tenaient en 1792, aux approches du 10 août, nos constitutionnels, lorsque les faibles restes du trône étaient menacés par les affiliés jacobins de Paris et des provinces, par les fédérés armés de Brest et de Marseille. Le même volcan dont l'explosion fut le signal du 10 août à Paris, menaçait Madrid d'une éruption : les symptômes étaient les mêmes. Les jacobins de Cadix, de Séville et de la Corogne, trouvaient partout des imitateurs; presque tous les officiers de l'armée étaient gagnés; une partie des militaires des provinces l'étaient aussi. La faction des *communeros* avait aussi un parti dans les Cortès, comme les jacobins de France en avaient eu dans l'assemblée législative, pour accélérer le renversement total de la monarchie. On désignait à Madrid comme ses principaux chefs, les sieurs Romero Alpuente et Diaz de Moralès, de même qu'on avait désigné Danton et Robespierre à Paris en 1792. Il s'était aussi formé dans les Cortès, comme à l'assemblée législative, une espèce de faction de la Gironde, ou d'hommes d'État intrigans. Ceux-ci regardant le ministère comme encore trop royaliste, aspiraient à le renverser pour se mettre à sa place, et en même temps ravir aux *communeros* ou jacobins, le pouvoir que ces derniers convoitaient, et dont ils voulaient s'emparer les armes à la main.

Ils n'attendaient pour se déclarer ouvertement et agiter la capitale, que le jour fixé par la députation permanente, pour rendre compte aux Cortès de l'état de la nation, et proposer des mesures de salut public. Les troupes et les milices devaient prendre les armes ; c'était le moment que les factieux avaient choisi pour frapper leur coup décisif.

Aux approches de la crise, les ministres Bardaxi et Felice, déterminèrent le roi Ferdinand à quitter sa maison de plaisance pour se rendre à Madrid. Cette démarche fut généralement blâmée par les royalistes; ils pensaient qu'elle aurait dû être différée jusqu'après la séance des Cortès, qui donnait lieu, ou servait de prétexte à la fermentation. On se rappelait que le malheureux Louis XVI, confiné dans son palais, aux approches du 10 août, fut abandonné ou trahi par les constitutionnels, qui, paralysant toutes les mesures de défense, lui conseillèrent au moment de la catastrophe, d'aller se jeter dans les bras de ses ennemis.

Cependant le Roi fit son entrée à Madrid le 4 décembre. La milice formait la haie sur son passage ; un concours nombreux obstruait les rues. Un concours plus immense de royalistes l'attendait hors de la ville, et s'étendait à plus d'une lieue. De nombreux équipages garnissaient les deux avenues de la grande route. Des fleurs, des colombes étaient offertes au Roi, et chacun s'empressant de lui témoigner son amour, semblait lui dire : « Comptez sur nous, il est encore » de bons et fidèles Espagnols, qui sauront » vous défendre contre vos ennemis. » Jamais le Roi, depuis son premier retour en 1814, n'avait été reçu avec autant de démonstration d'attachement et d'amour. Le danger semblait avoir éveillé le courage et le zèle de ses fidèles sujets.

La garnison de Madrid était pour le Roi, de même qu'une partie des milices. Plus de trois mille royalistes armés à leurs frais et sans ordre, étaient prêts aussi à voler à la défense du trône. On savait que l'Alava, la Vieille-Castille, la Navarre, le Guipuscoa et la Biscaye, avaient envoyé des adresses réservées au Roi, dans lesquelles ces provinces protestaient de leur dévouement à leur auguste Souverain. Telles étaient les forces du parti royaliste. Selon le bruit public l'infant Don Carlos en était l'âme, et l'excitait secrètement.

Le Roi pouvait encore défendre sa couronne, en se mettant franchement à la tête de son parti; mais, de même que le malheureux Louis XVI, il trouvait une opposition constante à toute mesure efficace de salut public, de la part de ceux qui, l'ayant dépouillé de son autorité, semblaient décidés à ne pas balancer entre sa perte entière, et celle de leur pouvoir.

Il n'y avait plus aucun doute sur les sinistres projets des conspirateurs. Déjà ils étalaient dans les boutiques de la capitale, une caricature infâme contre la personne du Roi. On avait écrit à Paris, quelques jours avant le 10 août, sur le château des Tuileries : *maison à vendre*; la même indignité fut commise sur les portes du palais du roi d'Espagne. Ses gardes isolés étaient poursuivis, égorgés, par une populace sanguinaire.

Les ministres eux-mêmes faiblissaient. Instruits, le lendemain de l'entrée du Roi, que Cadix était décidément en révolte ouverte ainsi que Séville; que Medina Sidonia venait de se joindre à la confédération, que Barcelonne et Valladolid demandaient leur destitution immédiate, ils donnèrent leur démission le 6, dans les mains du Roi, qui refusa obstinément de la recevoir. Après d'inutiles observations, Ferdinand se leva de son fauteuil, et dit d'un ton véhément aux ministres assemblés. « Je sais le sort » que me préparent ces gens; ils veulent que » je sois un second Louis XVI; mais ils n'y » réussiront pas : je ne serai point le premier » à provoquer la lutte; mais, si l'on m'y force, » et si je dois mourir, ce sera les armes à la » main, et à la tête de ma garde. »

Cet élan d'énergie inattendu de la part du Monarque, l'attitude des royalistes, et le parti que prirent les ministres de rester à leur poste, déconcertèrent la faction; elle n'osa plus hasarder un mouvement, soit dans la crainte d'un échec, soit dans l'appréhension que le Roi, à la faveur des troubles et du désordre, ne parvînt à faire une trouée avec un rassemblement de royalistes, et à gagner la campagne. De même que les révolutionnaires de France, ceux d'Espagne redoutent surtout la guerre civile, faite par un Roi qui se mettrait en état de défense légitime. La faction eut de nouveau recours aux voies obliques.

Le 10 décembre, une foule nombreuse obstrua les approches de la salle des Cortès. On voyait divers groupes, au milieu desquels figuraient les plus chauds démagogues, cherchant à soulever les esprits, déclarant que dans les cas où les Cortès ne se prononceraient pas contre les ministres, et par conséquent en faveur du peuple, il fallait que le sang coulât par torrens.

Toutefois le congrès espagnol, sur le rapport du sieur Calatrava, l'un de ses membres, crut devoir d'abord décider qu'il y avait lieu de mettre en jugement les autorités désobéissantes de Cadix et de Séville. A peine cette décision fut-elle connue dans la salle et au dehors, que des cris de rage, et des coups répétés de sifflets se firent entendre; des imprécations furent proférées contre le Roi, les Cortès, les ministres. Le désordre fut au comble. Les mesures prises par les autorités locales, et les bonnes dispositions de la force publique, y mirent pourtant un terme. Le Roi n'alla point au Prado comme il en avait eu d'abord l'intention. Sûr des sentimens de la majorité des habitans de Madrid et des troupes de la garnison, il surmonta les terreurs qu'on avait cherché à lui inspirer. D'ailleurs, la faction criminelle était décidée à tout employer pour le contraindre à rester dans sa capitale.

Le 12, elle eut sa revanche; car tout était concerté entre les meneurs des Cortès. Le même Calatrava fit un rapport qui ne fut qu'un acte d'accusation verbeux contre les ministres, à la conduite desquels il attribua les désordres et l'anarchie qui désolent une grande partie des provinces. Le surlendemain 14, les débats, sur ce sujet important, s'engagèrent. Le député Roméro Alpuente, exposa dans un discours véhément les griefs de la nation contre les ministres. Plusieurs députés s'élevèrent contre le ministre de la guerre, le général Salvador, l'accusant d'une conduite arbitraire et passionnée, à l'égard des généraux Riego, Mina, l'Empecinado et autres. Ce ministre et celui de l'intérieur, étaient particulièrement en butte à l'animadversion des Cortès, aux calomnies et aux outrages de la faction anarchique. Elle savait qu'en disposant des deux porte-feuilles de l'intérieur et de la guerre, et en les faisant donner à ses chefs, elle disposerait de la monarchie.

Les ministres présentèrent leur défense sur le principe, qu'ils ne pouvaient être responsables que de faits précis, et après avoir été mis en accusation. Le ministre de l'intérieur avoua que des changemens brusques avaient été faits dans les premiers emplois civils et militaires des provinces. « Personne ne peut nier, ajouta-t-il, que le » gouvernement n'ait pu, dans de si graves » circonstances, user de cette faculté, » comme de toutes les autres, qui s'exercent » au nom du Monarque, avec mesure et » circonspection; et qu'en un mot il ne

» doive être, à cet égard, dans une indé-
» pendance absolue. S'il n'en était pas ainsi,
» le gouvernement n'aurait aucun poids
» dans la balance des pouvoirs. »

Signalés comme les agens des ennemis du système libéral, les ministres ne purent ramener à eux les esprits, et l'avis de la commission chargée d'examiner les griefs élevés contre le ministère, fut en tout conforme aux vœux exprimés dans les représentations séditieuses dont les Cortès prétendaient punir les auteurs. L'adresse au Roi, proposée par cette même commission pour le renvoi des ministres, passa dans la séance du 15, à une majorité de 104 voix, contre 59. Ainsi, il était évident que la majorité du Congrès agissait dans le même sens, mais avec plus de politique et de mesure, que les confédérés des provinces en révolte contre l'autorité du gouvernement. Le Roi répondit à la députation des Cortès : « Je reçois ce message; l'affaire est importante; je la prendrai en mûre considération. » Sourd aux clameurs des partis, il exprima la même volonté de garder ses ministres et de refuser leur démission. « Si le ministère, dit le Roi, » devait être changé aujourd'hui, parce que

» l'Andalousie s'est mise en révolte, demain » il faudrait encore le changer, sur la de- » mande d'une autre province rebelle. »

Ce fut pendant ces débats que la faction dominante présenta aussi ses griefs contre l'influence présumée du cabinet des Tuileries. On savait qu'elle devait demander compte des motifs du rassemblement des troupes françaises vers les Pyrénées, ainsi que de l'arrivée d'un général et de son état-major à Baïonne.

Abordant ce point délicat, le chanoine Nevas s'exprima en ces termes, dans la séance du 14 décembre : « Nous connais- » sons les intrigues politiques qui ont été » ourdies par les puissances étrangères, » dans le but de changer la Constitution » espagnole, ou d'y introduire certaines » additions ; en un mot, de l'habiller à la » française. On sait, et par conséquent je » ne l'ignore pas, qu'un grand personnage » étranger osa tenter le dernier ministère ; » mais, l'ayant trouvé impénétrable, il se » forma ensuite une autre combinaison, qui » s'étendit peut-être jusqu'à Laybach, pour » qu'à tout risque le ministère fût changé. » En attendant, on machinait dans l'intérieur de l'Espagne, mille intrigues; il y avait, et il y a encore, des émissaires payés, qui ont travaillé à discréditer et à renverser l'ancien ministère. »

Ces demi-révélations avaient surtout pour bjet de rendre suspect les ministres, dont a faction voulait et pressait le renvoi. Le hanoine Nevas, en soulevant ainsi une parie du voile qui dérobait les timides dénarches de notre diplomatie en Espagne, a ait voir jusqu'où un ministère, sans vues et ans vigueur, a pu laisser descendre la puisance de la France et l'héritage de Louis XIV. Quel triste sujet de réflexions pour des cœurs français, voués à la légitimité et à la vraie gloire nationale! Si nous allions devancer l'Histoire dans le jugement qu'elle portera un jour, sur des faits aussi importans; si nous osions être l'organe de l'opinion monarchique, nous dirions à ceux qui dirigeaient l'an dernier nos Affaires Etrangères:
» Vous n'avez rien fait soit pour détourner,
» soit pour éteindre l'incendie qui dévore
» l'Espagne, et qui, depuis près de deux ans
» nous menace nous-mêmes. Vous n'avez
» combattu le mal qu'avec des notes insi-
» gnifiantes. Vous avez souffert les insultes,

» les outrages, les menées factieuses dirigées » contre l'héritier du petit-fils de Louis-le-» Grand, et contre la France redevenue mo-» narchique, comme si vous aviez désespé-» ré de la fidélité, et du courage de la nation. » Abusé par des relations insidieuses, vous » avez méconnu la dignité de la couronne, » en vous reposant sur une intervention dé-» risoire, du soin de protéger l'autorité » royale. Tout vous faisait un devoir pour-» tant de suivre une marche plus honora-» ble et plus sûre. Dans des circonstances » aussi graves, quel rapport aurait fait à » son Roi un ministre capable de s'appro-» prier les traditions d'un Sully, et d'un car-» dinal de Richelieu, sur la sûreté et la di-» gnité de la France? Peut-être aurait-il » tenu au Roi ce langage :

» Sire, la révolution Espagnole menace » de troubler la tranquillité de la France et » de tout le midi de l'Europe, comme la ré-» volution Française a troublé pendant près » de 30 ans l'Europe entière : mêmes prin-» cipes, mêmes vues, mêmes desseins, » mêmes progrès. Si, en 1791, la prudence » de l'empereur Léopold ne s'était pas laissé » abuser et endormir; si, de concert avec

Frédéric-Guillaume, il eût montré un an plutôt cent mille hommes sur les frontières, tenant lui-même d'une main le glaive, et de l'autre, le pacte de conciliation entre Louis XVI et ses sujets » égarés, nul doute, Sire, que la sagesse » unie à la force, n'eussent établi dès-lors » parmi nous, ce pacte puisé dans le cœur » de Louis XVI, qui germait aussi dans vos » hautes pensées, et dont, trop tard, sans » doute, nous avons été redevables à votre » génie, et à votre grande âme toute paternelle. Que de maux, de crimes, de ravages n'eût pas épargné à l'Europe cette intervention tutélaire? La France eût évité » de longues années de tyrannies populaires » et militaires, et deux invasions rendues » encore plus sensibles par quelques années » de gloire. Il s'agit de parer à de nouveaux » désastres qui semblent menacer indirectement la France. Le Prince qui règne en » Espagne, Sire, est un prince de votre sang. » S'il cessait de régner, s'il avait le sort de » Louis XVI, plus de pacte de famille, plus » de sécurité pour la France et pour le midi » de l'Europe. Que votre Majesté vienne » donc s'interposer entre Ferdinand et son

» peuple; que votre majesté se présente » comme arbitre du grand différend qui dé- » chire la péninsule. Ce rôle de médiateur, » si digne d'un fils de Saint Louis, n'est point » étranger à la race de nos Rois. Que pour- » raient alléguer les perturbateurs des Es- » pagnes, contre de si grands motifs de » sollicitude? N'ont-ils pas subi pendant » vingt années, sans se plaindre, l'influence » maligne de la France révolutionnaire qui » les a perdus, et dont le venin cause la mala- » die mortelle de leur monarchie? N'ont-ils » pas éprouvé toutes les horreurs de l'in- » vasion et de la conquête, de la part d'un » despote extravagant, regardé, avant ses ra- » vages, comme un demi-dieu dans toutes » les parties de la péninsule? Ici, ni con- » quête, ni déprédations, ni despotisme à » redouter. Les lis ne doivent porter avec » eux que des gages de stabilité et de paix. » Le triste essai de la constitution de Cadix, » dans les deux années qui expirent, n'a » que trop prouvé que cette charte falla- » cieuse n'est qu'un code d'anarchie et de » despotisme. Il ne s'agit donc pas d'impo- » ser aux Espagnols un pacte tyrannique, » mais de leur faire adopter une constitu-

tion praticable, sous l'égide de deux Rois et sous les auspices d'une assemblée de Cortès, convoqués selon les règles de la monarchie. En offrant son arbitrage dans un manifeste émané de sa haute sagesse, votre Majesté saura prendre en même temps des mesures fortes qui ne laisseront pas le succès incertain. Cent mille Français, appelés par leur Roi et par leur père,
» viendront se ranger sous notre ancienne
» bannière sacrée, l'oriflamme. Le seul
» appareil de la force suffira pour redon-
» ner de la confiance et du courage aux
» sujets fidèles, pour faire pâlir les fac-
» tieux, pour désorganiser leur ligue im-
» pie. De tels résultats sont dans vos sen-
» timens et dans votre gloire, et voilà pour-
» quoi, Sire, vous les voudrez. Sans doute
» que pour l'exécution de si nobles desseins,
» il faut des garanties au dehors et des sûre-
» tés au dedans. Mais il n'est plus besoin pour
» les obtenir que d'un sacrifice : celui des
» préjugés, des préventions et du faux sys-
» tème, qui depuis six ans égarent votre
» ministère. Eh bien! ce sacrifice vos mi-
» nistres sont prêts à le faire aux pieds de
» votre Majesté, pour affermir sa couronne,

» pour pacifier les Espagnes, et pour rame-
» ner la sécurité en Europe. Sûrs que la
» France sera toujours grande et forte,
» quand les ministres du Roi le voudront,
» nous sommes décidés à marcher nous-
» mêmes, sous l'égide de votre Majesté, à
» la tête de la ligue royaliste et chrétienne,
» qui aura pour devise : *union*, *force et*
» *prudence*. Mais une si grande entreprise
» ne souffre pas de délais. Protectrice en
» 1821, elle ne le serait peut-être plus en
» 1822. La faction militaire espagnole pro-
» fitant de notre foiblesse et de nos fautes,
» se montrerait encore plus menaçante,
» plus hostile. Maîtresse absolue de toutes
» les ressources et de tous les appuis du
» gouvernement, elle entretiendroit, par-
» mi nous, des espérances coupables ;
» elle fomenterait des troubles; elle com-
» promettrait la sûreté du royaume, en
» nous tenant sur une défensive pénible.
» L'Italie comme la France auroit à redouter
» *ces démons du Midi*, qui de même que
» leurs devanciers, aspirent à subvertir et
» à dévaster les monarchies régulières qui
» les avoisinent. Une politique prévoyante
» fait un devoir à vos ministres, Sire, de

conjurer l'orage par tous les moyens qui sont au pouvoir de l'autorité royale. »

Ne se réalisent-elles pas déjà dans le dévepppement rapide des événemens les craintes noncées dans la fiction politique que nous suggérée la gravité même du sujet que nous traitons? Pour tout observateur attenif, les désordres et les maux de l'Espagne, qui, l'an dernier, n'étaient pas incurables, se montrent aujourd'hui sous l'aspect le plus sinistre.

Si la faction, qui donnait l'impulsion aux Cortès, crut devoir suspendre l'explosion préparée dans les provinces contre la couronne, c'est que, placée entre les mouvemens désordonnés des jacobins militaires et les insurrections royalistes, elle voulait s'assurer préalablement le ministère et tout le pouvoir. En s'obstinant à remporter ce triomphe décisif sur la détermination du Roi, elle a montré qu'au fond elle faisait cause commune avec les révolutionnaires les plus acharnés.

C'est à ce double motif que vers la fin de décembre, on dut l'espèce de pacification qui calma la Galice. Les craintes sur cette province, où Espoz Mina semblait régner, se dissipèrent tout à coup. Le brigadier Latre, chef politique, qui s'était retiré à Lugo, y avait pris le commandement civil et militaire. Loin de céder aux insinuations hostiles, il écrivit à Mina, et aux autorités de la Corogne, pour leur représenter la nécessité urgente de réconcilier les partis, en les réunissant sous l'égide de la Constitution. Les autorités se rendirent à ses observations, et Mina lui-même remit le commandement militaire au maréchal-de-camp Don Raymond Lopez, qui fit reconnaître le brigadier Latre en qualité de commandant général. Selon les affiliés jacobins de la Galice, Mina agit dans cette circonstance avec une faiblesse impardonnable.

D'un autre côté, la Navarre était en pleine insurrection contre le nouveau système. Le nombre des habitans en armes s'étant accru sous le nom d'*armée de la Foi*, une junte apostolique, siégeant près la frontière de France, dirigea tous les mouvemens de l'insurrection Navarraise. Un soulèvement presque général fut tenté aussi dans les provinces Basques : Guipuscoa, Alava et Biscaye, toutes aussi ennemies du nouveau ystème que la Navarre, dont les mouvemens s'étendirent dans le haut Aragon, jusu'à Huesca. Plus d'un district dans les montagnes de la Catalogne, reçut la même mpulsion.

Ainsi l'Espagne, à la fin de 1821, se trouvait dans un état réel d'anarchie et de guerre civile. Tandis que les provinces du Midi étaient armées dans un esprit exalté de républicanisme, celles du Nord s'obstinaient à défendre les anciennes institutions : la religion, le trône et leurs priviléges. Ici, des troupes constitutionnelles, sous les ordres du général Lopez Banos, combattaient les insurgés royalistes; là, elles marchaient sous le général Campo-Verde, contre les séditieux de Séville, qui persistaient à méconnaître les décrets des Cortès.

Mais l'insurrection de la Navarre et des provinces limitrophes, n'offrit point alors un ensemble assez imposant pour que l'Espagne pût enfin se glorifier d'une Vendée royaliste. On comptait peu, d'un autre côté, sur la fidélité des troupes constitutionnelles rassemblées à Cordoue pour aller réduire l'Andalousie, tant les différens corps de l'armée étaient en proie à l'esprit d'insubordination et de jacobinisme. Les manœuvres les plus criminelles étaient employées par les auteurs de la révolution, pour égarer les soldats; on leur promettait les dépouilles des églises et les biens des riches.

En vain les Cortès mirent en accusation, pour la forme, les autorités séditieuses de Séville. Enhardies par les mouvemens de Carthagène, de Valence, de Murcie et de Barcelonne, elles persistèrent, de concert avec les autorités de Cadix, à demander le changement des ministres. Toutes ces villes entraient ouvertement dans la confédération des jacobins militaires, dont Riégo était alors le chef. Déjà nos admirateurs de la révolution espagnole annonçaient, avec une joie d'affiliés et de prosélytes, qu'une levée révolutionnaire de trente mille hommes était décrétée en Catalogne, et que Riégo, qui avait fait son entrée triomphale à Barcelonne, en serait le général. A la fois tribun des soldats et tribun du peuple, il s'était déclaré le protecteur des *vertueux descamisados*, société patriotique, organisée à l'instar de nos sans-culottes de 1793.

Dans ce triste conflit, aucun autre pouvoir que celui de l'insurrection ne se montrait ssez en force pour l'emporter. Aussi, le roi atigué d'une résistance sans fruit comme ans espoir, obsédé par la députation permanente, n'osant donner aux troupes qui paraissaient fidèles encore, le signal de la guerre civile, céda et renvoya ceux de ses ninistres en butte à l'animadversion des actieux. « Qu'il n'attende rien de ce nouveau » sacrifice en faveur du retour de l'ordre » et de la tranquillité publique, disais-je il » y a huit mois. Les factieux vont mainte» nant lui imposer un ministère de leur » choix, qui aidera de ses mains à mettre » la monarchie dans le cercueil. » Là, fut amené jadis le malheureux Louis XVI, quand on lui imposa des ministres jacobins.

Les deux factions libérales d'Espagne divisées en partis de 1812 et de 1820, ne se réconcilièrent qu'aux dépens de Ferdinand VII, et sous la condition d'occuper indistinctement toutes les places civiles et militaires à l'exclusion des royalistes. Plus politique et moins exalté, le parti de 1812 occupa de nouveau le ministère, mais avec des hommes plus décidés, et en restreignant et mutilant de plus en plus l'autorité royale.

Si Riégo ne fut point proclamé dictateur ou empereur, il en fut dédommagé à l'ouverture de la session des nouveaux Cortès ordinaires, qui s'ouvrit le 1er mars. Cette assemblée, composée en grande majorité de révolutionnaires prononcés, nomma Riégo son premier président. Il s'en montra digne, en ne quittant point le fauteuil sans avoir humilié la couronne. L'Espagne, toujours pressée par l'anarchie qui la dévorait, échappait à toute influence monarchique.

Toutefois le parti royaliste n'était pas sans espérances; il puisait sa force dans le mécontentement général, dans l'appui du clergé, dans les sentimens religieux du peuple, dans l'excès même du parti contraire qui, perpétuant l'anarchie, faisait souhaiter aux citoyens paisibles le renversement d'un ordre de choses incompatible avec la tranquillité et la sûreté publiques. Les royalistes de la péninsule n'avaient pas vu sans une sorte de satisfaction le ministère français tomber dans des mains monarchiques, et s'opposer dans l'intérieur de la France aux développemens des complots combinés entre les factieux de Paris et ceux de Madrid. Ils virent ıssi avec joie renforcer le cordon de nos oupes sur toute la ligne des Pyrénées, et tte armée, déjà imposante, recevoir des ains d'artillerie de toutes les parties de la rance. Alors s'organisèrent plusieurs bandes spagnoles, sollicitant des armes et des subdes, et disposées à braver tous les dangers our délivrer une seconde fois leur roi. Si les se flattaient d'obtenir au moins la proction du nouveau ministère, d'un autre ôté, les révolutionnaires de Madrid ne dismulaient pas combien ce ministère leur ıspirait d'inquiétude. Dans la séance des Cores du 25 mars, le général Alava prétendit, l'occasion des troubles de Pampelune, que ant qu'il y aurait en France un ministère oyaliste il fallait renoncer à l'espoir d'une ongue tranquillité dans la Navarre; il assua que ses anciennes relations le mettaient même de savoir que les personnes dont e ministère se composait se montraient ortement opposées au système de la consitution espagnole. « Ne suffit-il pas, ajouta- » t-il, de connaître avec quelle liberté nos » émigrés agissent à Baïonne, et de voir » comme on a augmenté la force des troupes » qui forment le cordon sur nos frontières,

» sous prétexte de la fièvre de Barcelonne ?»

En effet, l'espoir d'un appui direct de la part du gouvernement de France commençait à soutenir le zèle des royalistes d'Espagne, comme autrefois nos émigrés, bercés par l'intervention des couronnes, avaient cru y voir le terme de nos troubles, et l'annonce du rétablissement de l'autorité royale. Mais, comme la révolution de France, celle d'Espagne, qui en est l'imitation, était destinée à parcourir le même cercle de vicissitudes; et pourtant tout y eût été praticable il y a trois mois, si soixante mille hommes eussent franchi alors les Pyrénées, précédés d'un manifeste qui eût garanti aux Espagnols l'intégrité de leur territoire et leur indépendance politique. Mais l'intervention directe parut un pas trop hardi à certains ministres, qui érigent en prudence l'irrésolution et la timidité. Voici sur quels argumens les royalistes invoquaient l'intervention armée. « Le premier principe des
» transactions politiques entre les diverses
» branches de la famille des Bourbons, est
» la garantie de leurs possessions dans quel-
» que partie du monde que ce soit; or,
» l'inviolabilité de la personne du roi et de

» sa couronne se trouve naturellement com-
» prise dans ce pacte de famille. On ne
» saurait nier que Ferdinand VII, captif et
» dépouillé de son autorité, ne le soit aussi
» de ses possessions et de ses droits. Les
» factieux n'osent l'immoler, il est vrai,
» parce qu'ils redoutent encore la Sainte-
» Alliance; mais ils asservissent, ils acca-
» blent d'outrages leur Souverain; ils se
» servent même de sa personne pour dis-
» soudre le parti de la religion et de la
» royauté. Les Cortès révolutionnaires,
» d'ailleurs, n'ont-ils pas brisé tous les
» liens qui unissaient l'Espagne à la Sainte-
» Alliance, et par conséquent à la France
» qui en fait partie? Comment la France ne
» regarderait-elle pas comme ennemi un
» gouvernement qui a rompu le pacte so-
» cial sur lequel l'existence des trônes et
» la conservation de la paix sont fondés?
» Se condamnera-t-elle à rester toujours en
» alarmes, à voir sa propre sûreté compro-
» mise par des machinations ténébreuses
» et par la proximité de forces révolu-
» tionnaires qui l'obligent à tenir vers les
» Pyrénées soixante mille hommes, encore
» plus pour se garantir de l'introduction de

» la peste morale que de la fièvre jaune? Un » tel état de choses est aussi nuisible à » ses intérêts qu'à sa sûreté intérieure et » extérieure. Que son cabinet ne perde » pas de vue cette maxime d'un des plus » grands génies politiques qu'ait produit la » France (1) : Un peuple n'est jamais plus » près d'envahir et de faire des conquêtes » que lorsqu'il est en révolution. »

Mais, au lieu d'agir, les hommes qui, pour sauver la France, semblaient appelés à porter un prompt remède aux maux de l'Espagne, flottèrent dans une irrésolution funeste. C'est ainsi que la première coalition n'hésita que trop à secourir le malheureux Louis XVI. Comme alors on n'a point osé se déclarer, et on s'est perdu dans de petites intrigues ténébreuses, sans songer que sur le terrain d'une révolution violente, les intrigues, sans force, tournent toujours à l'avantage des factions et des usurpateurs du pouvoir.

Deux plans avaient été présentés pour tirer l'Espagne de l'abîme : l'un consistait

(1) Montesquieu.

ins l'évasion de la personne du roi qui, ·isant ses fers, serait venu se mettre à la te des royalistes de la Vieille-Castille et de Navarre, sous la protection d'une armée ançaise. L'autre plan avait pour objet de ire réformer la constitution des Cortès ar le parti des constitutionnels modérés, la tête desquels on désignait le général íorillo et quelques membres du ministère spagnol. Le premier projet, sans contre-it le meilleur, supposait un prince doué 'une assez grande force d'ame pour le com-iner lui-même, et d'assez de courage pour : mettre à exécution. Dans toute autre hy-othèse, c'était placer Ferdinand dans la ıême situation que Louis XVI à l'époque ù il vint échouer à Varennes dans sa ıalheureuse tentative du mois de juin. .appelons aussi que l'empereur Léopold ne oulait agir que lorsque Louis aurait brisé es fers, comme si la personne d'un roi :tait à elle seule la royauté. Quant au se-:ond plan, on peut le qualifier d'absurde. .es hommes les moins propres à réprimer es excès d'une révolution qu'ils ont voulue, :t à organiser l'état politique d'un peuple qui n'a plus de frein, ce sont, sans contredit, les demi-révolutionnaires ou modérés: ils ne deviennent tels que lorsque des révolutionnaires plus fermes et plus décidés s'apprêtent à leur ravir le pouvoir dont ils ne se sont emparés, eux-mêmes que par duplicité et par trahison. Naturellement lâches et irrésolus, ils ne sauraient adopter aucune mesure énergique; ils ont d'ailleurs pour rivaux des hommes tranchans, des frénétiques pour qui un code raisonnable serait un arrêt de nullité et d'exclusion. Les cabinets qui, jadis, voulurent sauver Louis XVI, comptaient aussi sur la coopération des demi-jacobins ou constitutionnels de 1791. Qu'arriva-t-il? Leurs intrigues, leur cupidité, leur lâcheté ne firent que précipiter la perte de ce malheureux monarque, qu'ils avaient commencé à dépouiller, et en faveur duquel on hésita aussi d'employer les baïonnettes et la puissance du canon. Constatons l'analogie par l'exposition des faits historiques.

A Madrid on préludait à une crise provoquée par tous les partis. Dans le nord de l'Espagne, jamais les bandes royales de l'armée de la Foi ne s'étaient montrées si bien organisées et plus menaçantes. Elles tenaient les clés des Espagnes, et avaient des chefs connus. Le valeureux Trapiste et le général Quesada entraient en campagne. Dans toute la Catalogne les royalistes se soulevaient. En Andalousie les carabiniers royaux levaient l'étendard de l'insurrection, et à ce signal la province de la Manche se déclarait aussi pour la cause du roi. Madrid renfermait dans son sein trois partis en présence : celui des royalistes, appelés injurieusement *serviles ;* celui des modérés ou *anilleros*, qui venaient de former la société de l'anneau, comme à Paris les modérés avaient formé le club monarchique; et enfin, le parti exalté ou des *communeros*. Ces derniers épiaient l'occasion de renouveler contre Ferdinand la catastrophe ourdie le 10 août 1792, contre Louis XVI; car, la lenteur de la marche de la révolution d'Espagne ne causait pas moins d'impatience aux révolutionnaires de Paris qu'à ceux de Madrid. Ils soupçonnaient les ministres espagnols de travailler en secret, avec le capitaine-général Morillo et le chef politique San-Martin, à détruire la constitution de Cadix, afin de la remplacer par une loi fondamentale semblable à la Charte française. Aux yeux des révolutionnaires, c'était une machination criminelle, pire que des tentatives de contre-révolution à force ouverte.

Dans ces graves conjonctures, le Roi, qui s'était rendu à Aranjuez, avec la famille royale, reçut la proposition de s'évader vers les Pyrénées; toute espèce de garantie politique lui était offerte. Mais ce malheureux prince, placé entre deux partis, dont l'un voulait attenter à sa couronne, et l'autre régner en son nom, prévenu d'ailleurs contre ses serviteurs les plus sûrs et les plus fidèles, épié par des hommes perfides, qui affectaient des sentimens royalistes pour le mieux tromper, hésita de prendre le parti de la fuite, d'autant plus que les uns le berçaient de l'espérance d'une prochaine réforme dans la constitution, et les autres lui annonçaient un mouvement royaliste décisif. Son séjour à Aranjuez, d'où il lui était plus facile de s'évader, ayant inquiété le parti en possession du pouvoir, le général Morillo, pour décider Ferdinand à rentrer dans Madrid, allégua le prétexte d'une prétendue conjuration qui aurait eu pour objet le massacre du Roi, auquel il annonça la découverte de ce complot imaginaire. « Je » n'ai rien à craindre, répondit Ferdinand, j'ai confiance en Dieu et dans la pureté de ma conscience. Si mon heure est venue, rien ne saurait la retarder. » Morillo nsista, et réussit à ramener le Roi dans la :apitale.

Plus il y avait d'irritation, d'aigreur et l'indices d'un déchirement prochain, et)lus les chefs du parti révolutionnaire re-loublaient d'efforts pour se rendre maîtres de tous les ressorts de l'État. On osa, dans un comité secret, mettre en question la déchéance du Roi, et il fut décidé qu'on lui ôterait sa garde. Le plan de le réduire en tout à l'état de captif, et de licencier sa maison militaire, se développa. Quinze à vingt soldats de la garde furent lâchement assassinés par les sicaires de la faction régicide, sans que le ministère osât interposer son autorité. Il était visible qu'on voulait exaspérer la garde royale pour l'entraîner à un faux mouvement. A plusieurs reprises on la consigna dans les casernes ; il fut défendu aux soldats de sortir avec leurs sabres, tandis que leurs ennemis paraissaient toujours armés dans les rues de Madrid. Toutes ces provocations et les menaces de désarmement, produisirent chez ces braves une irritation dont les révolutionnaires se disposaient à tirer parti. Dès lors les fidèles serviteurs du Roi jugèrent qu'il était de leur devoir de veiller sur ses jours, et de chercher à épargner à l'Espagne un grand attentat; ils représentèrent à Ferdinand qu'il pouvait et qu'il devait user du droit naturel d'une légitime défense, et que tout devenait légal pour le soustraire aux projets de ses ennemis. On proposa un nouveau plan : il s'agissait de faire sortir le Roi de Madrid et de le diriger sur Valladolid, où la garde royale se serait concentrée, plan qu'on attribue au duc de l'Infantado. Les révolutionnaires assurent même que le Roi et l'infant Don Carlos promirent de se mettre à la tête des troupes.

Tous les signes d'une prochaine explosion tenaient la capitale en alarme, quand, le 1er juillet, Riégo intrigua auprès du Roi pour s'emparer du commandement des troupes de la garnison : son but était de se substituer au capitaine-général Morillo. On voit ici combien les révolutionnaires se défiaient de ce général, ainsi que du ministère.

Le lendemain, quatre bataillons des gardes sortirent de Madrid avec armes et bagages, et llèrent se réunir au Prado, arborant ainsi étendard de l'insurrection royaliste : il n'y ut de défection que parmi les officiers : loin le renverser la pierre de la constitution, les oldats y placèrent un poste pour la protéger. La garde du palais resta aux deux bataillons de service, qui n'en bougèrent pas. Selon les révolutionnaires, la fuite de la famille royale était préparée pour ce jour-là même, et les bataillons réunis devaient former son escorte jusqu'à la frontière. Mais, ajoutent-ils, le parti des réformateurs, d'intelligence avec les ministres étrangers, se crut joué ; il vit le Roi prêt à ressaisir la plénitude de sa puissance, et n'eut que le temps de se jeter dans le parti franchement libéral pour sauver ce qu'il appelait l'édifice menacé de la révolution espagnole. Maîtres de la garnison de Madrid, exerçant sur le conseil d'État, dans le ministère et sur toutes les autorités, une grande influence, les réformateurs sentirent la nécessité d'avoir, pour auxiliaires dans la défense de la même cause, leurs antagonistes les *descamisados* ou démagogues. Ils restèrent ainsi les régulateurs du mouvement, et purent dès lors mettre obstacle à toutes les déterminations de la cour, à toutes les tentatives qu'aurait pu faire le Roi pour se mettre lui-même à la tête des royalistes. Tout s'arma aussitôt à Madrid contre Ferdinand. De même que Paris, au 10 août, Madrid fut au pouvoir de deux factions liguées contre la couronne. L'argent leur manquait : la maison française Hardouin leur fit l'avance de huit millions. Dès lors Madrid prit l'aspect d'un camp; les troupes de ligne, la garde nationale et les fédérés se réunirent, avec du canon, sous les ordres des généraux Morillo, Balasteros, Riégo, Alava et Palarea : ils occupèrent tous les postes et toutes les avenues. Le général Morillo alla en personne au Prado pour essayer de faire rentrer les gardes dans leurs casernes, et là, il se refusa opiniâtrément à toutes les instances que lui firent les soldats pour qu'il vînt les commander. Il fut même se plaindre au Roi de leur désobéissance. « Qu'on me laisse mettre à la tête » de mes gardes, dit le Roi, et vous verrez » qu'ils m'obéiront ! » Témoin de tous ces préparatifs de guerre civile, Ferdinand ne sut prendre aucun parti énergique, ou plutôt il n'en eut pas la liberté. Le conseil d'État s'étant assemblé à plusieurs reprises, les propositions qu'on y fit d'apporter des modifications à la constitution, furent repoussées par les ministres mêmes sur lesquels on comptait le plus. Le conseil rejeta tout projet quelconque tendant à porter atteinte au prétendu pacte fondamental de la péninsule. Cette détermination ne tarda pas à être connue dans l'intérieur du palais ; là les royalistes fondaient principalement leur espoir sur les dispositions des deux bataillons de service de la garde royale. Ce fut alors qu'on retint forcément les ministres pendant quarante-huit heures dans leurs bureaux respectifs.

Dans leur impatience, les révolutionnaires voulaient attaquer le Roi dans son palais. « Qu'allez-vous faire, s'écria Morillo ? » voulez-vous donner à la Sainte-Alliance » le prétexte de nous faire la guerre ! » laissant ainsi percer le secret de son parti. Comme le 5 au soir on avait voulu le retenir chez le Roi, il n'y alla pas le lendemain, sachant que les ministres étaient retenus eux-mêmes au palais, ainsi que le chef politique San-Martin.

Les libéraux ayant répandu l'argent à pleines mains, attirèrent à eux plusieurs

[library stamp]

gardes et des officiers de tous grades, qui après avoir abandonné le Prado, vinrent se placer dans les rangs des ennemis de la couronne : la grande majorité des gardes resta inébranlable ; ils étaient animés du meilleur esprit et sentaient la nécessité de sauver le Roi. Le 7 juillet, ces soldats fidèles et courageux prirent les armes, ne cachant plus qu'ils allaient marcher sur Madrid. Au moment du départ, les chefs qui devaient guider les quatre bataillons ne parurent pas. Leur absence jeta de l'incertitude dans les rangs. Mais on comptait sur le corps des carabiniers, qui devaient aussi se porter vers Madrid, et sur la coopération plus immédiate des deux bataillons du palais. Enfin, la nouvelle que le général Espinosa s'avançait avec trois mille hommes pour renforcer les révolutionnaires, fit devancer l'attaque. Les quatre bataillons s'ébranlèrent, sans chef avoué, au nombre de 1500 à 2000, pour attaquer sur trois colonnes, avec leurs fusils seulement, sans une seule pièce de canon et sans cavalerie, douze mille hommes qui, maîtres de tous les postes, et cernant à peu près le palais, avaient de la cavalerie, de l'artillerie et des généraux expérimentés.

A peine furent-ils arrivés à la porte Del Sol, que la fusillade commença. Dans ce terrible moment, le Roi, entouré d'un grand nombre de personnes attachées au palais et d'officiers généraux, tels que le duc de l'Infantado, le marquis de Las Amarillas, le comte de Castro Torreno, le comte de Casassarias, fit appeler dans son appartement les membres de sa famille, qui s'y réunirent aussitôt.

Cependant les deux bataillons du palais restèrent immobiles, et les quatre bataillons qui avaient commencé l'attaque attendirent inutilement deux heures de suite à la porte Del Sol, soutenant avec une invincible résolution le feu ennemi. On attribue la funeste immobilité des bataillons du palais à l'arrestation inattendue du général Saint-Marc, au moment où il se rendait au palais pour y prendre le commandement. Le Roi, effrayé de ne pas voir arriver Saint-Marc, refusa les offres que lui firent plusieurs officiers de se mettre eux-mêmes à la tête des troupes; la nature reprenant tous ses droits sur le cœur d'un époux et d'un père, il craignit de dégarnir la résidence royale, de l'exposer à l'invasion des révolutionnaires, et de sacrifier sa famille. Dès lors il n'y eût plus d'ensemble dans les opérations, tout fut abandonné au hasard, et les ennemis du trône remportèrent une victoire facile. Les gardes ayant été repoussés et défaits, le Roi, apprenant qu'ils opéraient leur retraite, donna l'ordre de seller ses chevaux; mais il renonça bientôt à ce projet, sur les représentations que lui fit un général; il parla du danger où se trouverait le monarque au milieu d'une troupe indisciplinée et en désordre, dépourvue d'artillerie et de cavalerie. Le malheureux Ferdinand n'avait déjà que trop écouté de ces conseils timides qui précipitent la chute des Rois. Ne trouvant ni appui ni secours, les gardes, foudroyés par le canon et poursuivis par la cavalerie, laissèrent sur le champ de bataille trois cents morts et près de six cents blessés, outre un grand nombre de prisonniers; tant la victoire des révolutionnaires fut complète. Que pouvaient faire 1,500 soldats dévoués, contre 12,000 hommes et une artillerie formidable? Et voilà les soldats royalistes dont on a cherché à flétrir le courage! Si la crainte de compromettre les jours de leur Souverain n'eût arrêté les gardes, ils auraient tous péri plutôt que d'abandonner le terrain à leurs adversaires. Rien n'aurait pu les empêcher, avant l'action, de porter le siége du gouvernement à Valladolid, où ils auraient trouvé un grand nombre de royalistes : ils ne perdirent six jours, au Prado, que dans l'espoir de sauver Ferdinand. Dans cette fatale journée, les destinées de l'Espagne ont été sacrifiées à la maladresse et à la peur.

Immédiatement après la défaite des gardes, un parlementaire fut envoyé de la part des vainqueurs au palais du Roi, pour faire mettre bas les armes aux deux bataillons de service qui, dans leur honteuse neutralité, n'avaient pris aucune part au combat, ni manifesté le désir de délivrer le Roi captif. Le désarmement fut opéré sans résistance. C'est ainsi que le 7 juillet de Madrid, fait en imitation du 10 août de Paris, a sur cette journée le triste avantage d'avoir été plus froidement combinée : on y a vu plus d'un R..... et plus d'un Pétion chargés de tendre à la couronne des piéges pour faire triompher les factieux et les régicides.

Après ce grand revers de la cause monarchique, Madrid ne pouvait guère éviter de subir le joug de la terreur. On vit ceux mêmes qui faisaient cause commune avec le ministère contre les *exaltados*, faire cause commune avec ces derniers, et tous, de concert, demander la proscription des serviteurs du Roi, et menacer le monarque du dernier supplice si, refusant de se placer à la tête de la révolution, il ne livrait à la rigueur des lois ses propres gardes et ses serviteurs les plus fidèles. Alors les ambassadeurs étrangers, à l'exception du ministre d'Angleterre et du ministre des États-Unis, présentèrent une note par laquelle ils déclarèrent qu'ils regarderaient comme un prélude d'hostilité contre leurs gouvernemens respectifs tout acte de violence exercé envers la personne du Roi. Les vainqueurs, se prévalant de l'attaque des gardes, récriminèrent contre la couronne; et dans leurs journaux ils représentèrent ce simulacre d'intervention comme un attentat contre l'indépendance nationale des Espagnols. Par la plus sanglante dérision, afin de prouver combien le Roi était libre, ils le traînèrent en spectacle dans les rues de Madrid, en lui adressant en public l'apostrophe de *mort aux parjures !* Bientôt même, le forçant à trahir la royauté, ils obtinrent un ordre émané de ce Roi captif, pour l'érection d'un conseil de guerre appelé à juger les auteurs, fauteurs et complices de ce qu'ils appellent la rébellion de la garde royale. Les représentations les plus menaçantes furent adressées au Roi, par l'impulsion et sous l'influence du conseil d'État, de la municipalité (comparable à la municipalité du 10 août), et de la majorité de la députation permanente. En vain Morillo remporta d'abord sur le parti frénétique un léger triomphe, en cumulant provisoirement le pouvoir militaire et le pouvoir civil dans les deux fonctions réunies de capitaine-général et de chef politique, et en faisant prononcer la dissolution de 1,200 fédérés ou *descamisados* armés. Ces hommes, imprimant partout la terreur et l'effroi, menaçaient Madrid de renouveler dans ses murs les massacres de septembre, dont Paris fut souillé à la suite du 10 août. Le triomphe de Morillo fut de courte durée, tout le monde se défiant d'un homme qui, par sa duplicité, avait trompé l'attente de tous les partis. Voici comment s'exprimèrent les exaltés à l'égard de sa faction. « Déjoués dans leurs » projets, les réformateurs espagnols, qu'on

» accuse d'avoir été d'intelligence avec quel-
» ques ministres étrangers, virent trop
» tard leurs fautes, et n'eurent que le temps
» de se jeter dans le parti des vrais consti-
» tutionnels, afin de sauver l'édifice menacé.
» Mais cette démarche tardive n'a pu réta-
» blir leur popularité détruite par une série
» de fautes et d'imprudences. La haine contre
» eux est portée au comble. Le parti roya-
» liste les déteste, parce qu'ils n'ont pas fait
» assez, et les constitutionnels zélés, parce
» qu'ils en ont trop fait, en mettant l'Espagne
» à deux doigts de sa perte, et en compro-
» mettant la cause de la liberté de l'Europe. »

A la faveur des services éclatans qu'il venait de rendre à la cause révolutionnaire, l'ambitieux Balasteros s'empara de la popularité et du pouvoir. Il l'emporta aisément sur le parti de Morillo, et même sur celui de Riégo, en profitant habilement des circonstances et des résultats de la crise pour former une faction puissante, dont il est le régulateur.

Avant même la fin de juillet, quarante-six députés, connus par l'exaltation de leurs principes démagogiques, adressèrent à la députation permanente une représentation, ont la violence décéla les vues du parti qui oulait assurer son triomphe. Ils se plainirent d'abord avec amertume que rien, epuis le 8 juillet, n'avait encore été fait our atteindre le but qu'on s'était proposé; ue les mêmes autorités continuaient à commander dans les provinces; que la compoition même du ministère n'était pas encore changée, quoique l'impossibilité de conserver les ministres fût généralement reconnue. On voyait clairement qu'un parti décidé voulait envahir le pouvoir et chasser les modérés, qui ne les avaient que trop secondés pendant la crise. Dans ce même document on avouait l'existence d'une faction, a plus dangereuse de toutes, disaient les signataires, puisqu'elle tendait à opérer la modification de la constitution, à s'emparer exclusivement du gouvernement, et à en tenir éloignés les libéraux en les désignant comme anarchistes. Entre autres mesures, la faction proposait le renvoi de tout étranger, sans distinction de rang ni de qualité, qui prendrait part à des machinations contre le système actuel : c'était déjà une menace indirecte faite aux ambassadeurs étrangers. Enfin, les énergiques organes de la faction demandaient la convocation des Cortès extraordinaires et la prompte formation d'un ministère qui pût remplir l'attente des libéraux les plus ardens.

C'est ainsi que les deux partis réunis contre la couronne au moment du combat, se désunirent de nouveau après la victoire, de même qu'après le 10 août les Montagnards et les Girondins, qui venaient de briser le trône de France, se disputèrent la popularité et le pouvoir avec un acharnement féroce. A la vérité, la révolution espagnole, moins fougueuse que la nôtre, paraît conduite par des hommes plus politiques, et qui s'efforcent de la régulariser tout en se culbutant les uns les autres. Après leur triomphe du 7 juillet, ils tremblèrent pourtant que la Sainte-Alliance ne renversât leur pouvoir usurpé, à cause du danger qui en résulterait pour le reste de l'Europe, et ils crurent intimider les cabinets en tenant un langage menaçant. « Si les royalistes, » dirent-ils, avaient réussi à Madrid, à la » faveur des mouvemens combinés de notre » garde royale, des carabiniers, du Tra- » piste et de Quesada, c'est-à-dire, des in- » surrections préparées en Andalousie, dans

la Manche, la Navarre, l'Aragon et la Catalogne, alors les troupes françaises qui forment le cordon seraient entrées sous quelques prétextes. Mais ce dessein a complètement échoué par le résultat de la journée du 7 juillet, et par conséquent
» on ne croit plus que l'armée royale de
» France fasse un pas en avant. Supposons
» que cette armée, forte de 50 à 60 mille
» hommes, vînt à s'ébranler? A peine pour-
» rait-elle occuper deux ou trois provinces.
» Elle trouverait l'appui de quelques roya-
» listes, il est vrai; mais elle trouverait aussi
» une armée libérale, composée de 60 mille
» hommes de troupes régulières, de 80
» mille hommes de milices, qui seraient sur
» pied dans vingt jours; de cent mille
» hommes de gardes nationales, parfaite-
» ment organisés, et de cent mille guérillas.
» Contre de pareilles forces, que pourraient
» entreprendre même deux cent mille
» hommes? »

C'est avec ces jactances que les révolutionnaires de Madrid, aidés par leurs frères de France, et plus particulièrement de Paris, se flattent d'intimider et de rebuter la Sainte-Alliance, en persuadant qu'ils sont en mesure de recommencer la guerre de la révolution avec le même avantage que leurs modèles et leurs devanciers de 1792. A de coupables intrigues pour faire prévaloir cette révolution régicide, les frères et amis de Paris ajoutèrent les déclamations, les phrases captieuses et séditieuses. Leur joie fut indiscrète et arrogante à la nouvelle du nouveau triomphe remporté sur la royauté dans la péninsule. « La contre-révolution a perdu » à Madrid, sa bataille de Waterloo! » s'écria M. Bignon (1), dans la chambre des députés. « Oui, Messieurs, c'est sur l'Espagne, dit le » général Foy (2), que je veux porter votre » attention. Ne croyez pas cependant que » je vous entretienne de la journée du 7 » juillet. Il est dans l'histoire des nations » des pages si riches d'instruction et de ter» reur, que le prestige des mots ne servi» rait qu'à diminuer l'éloquence des faits. » Je ne rappellerai pas non plus la crimi» nelle jactance de nos journaux ministé» riels; je ne réveillerai pas la rumeur pu» blique sur les convois de fonds et les four-

(1) Séance du 23 juillet.

(2) Séance du 24 juillet.

nitures de fusils; je ne ferai pas remarquer la coïncidence de la tentative d'Aranjuez et de la révolte des carabiniers et des gardes, avec l'entrée en Espagne de ce Quesada et de ce Trapiste qui avaient, sur le territoire français, et avec des ressources françaises, préparé et organisé leur irruption; je n'essaierai pas de soulever le voile qui couvre des intrigues perverses; il y a dans les récits officiels et dans les résultats patens beaucoup plus qu'il ne faut pour rendre le ministère français responsable du sang qui a coulé
» dans le nord de l'Espagne et à Madrid.
» Oui, Messieurs, je n'hésiste pas à le dire :
» nos ministres répondront de ce sang versé;
» ils en répondront, parce que, sous le pré-
» texte ridicule et mensonger d'un cordon
» sanitaire, ils ont assemblé une véritable
» armée, une armée destinée à amener,
» par un moyen ou par un autre, le ren-
» versement de l'ordre constitutionnel en
» Espagne! S'il ne s'était agi que de la fièvre
» jaune, aurions-nous vu des généraux,
» des maréchaux aspirer au commandement
» de l'armée des Pyrénées; aurions-nous
» reçu tous les jours depuis trois mois des

» lettres d'officiers et de soldats, qui nous » annonçaient que l'ordre de dépasser la » frontière était attendu d'un moment à » l'autre? Quel stimulant, et quel moyen » d'action pour les factieux !..... » Ainsi, c'était la cause des royalistes de France et d'Espagne qu'on prétendait incriminer par ces déclamations. Le ministre des affaires étrangères (vicomte de Montmorency), s'étant levé, y répondit avec l'accent d'une ame pleine de vertu et de noblesse. Après avoir avoué que les honnêtes gens n'avaient appris qu'avec un sentiment d'affliction religieuse le triomphe des factieux de Madrid sur la royauté, il ajouta : « Oui, nous ferons » dans tous les temps des vœux sincères » pour le bonheur de la nation espagnole; » mais si de nouvelles circonstances ame- » naient de nouveaux devoirs, nous sau- » rons les remplir..... Les ministres, en sui- » vant une marche franche et noble, en » faisant dans les momens de crise tous les » efforts légitimes pour préserver de toute » atteinte cette grande propriété solidaire » de toutes les monarchies, la majesté et » l'inviolabilité des rois, ne ferons que rem- » plir les intentions de S. M. Dans tous les

» temps nous ferons des vœux sincères pour
» qu'entre un roi et un peuple qui doivent
» s'entendre pour leurs intérêts communs,
» il ne s'interpose jamais ni des courtisans
» timides et flatteurs, ni des factieux témé-
» raires et coupables. » Jamais aucun ministre du Roi n'avait eu occasion de parler
dans les intérêts monarchiques avec cette
fermeté et cette noblesse. Pendant la durée
de ce discours, dont nous ne rapportons
que les principaux traits relatifs aux affaires
d'Espagne, l'assentiment et la vive adhé-
sion de la grande majorité de la chambre
se manifestèrent avec les signes les plus
flatteurs pour le fidèle ministre du Roi. « La
» généreuse nation espagnole, s'écria M. de
» Vaublanc dans un élan oratoire, réclame
» d'être libre sous un Roi libre! »

Le lendemain, l'un des principaux organes
de la faction révolutionnaire (M. Manuel),
faisant allusion à la séance de la veille,
s'exprima en ces termes, à la suite d'une
longue philippique contre la Sainte-Alliance
et contre les Rois. « Ce n'est pas une voix
» isolée, dit-il, ce ne sont pas quelques
» opinions particulières; c'est l'opinion de
» tout ce côté de la chambre, des amis du

» ministère, que l'Espagne constitutionnelle » est en état de révolte contre son Souve» rain. Plus de doute sur ce point ; la décla» ration en est aussi claire qu'authentique. » Or, les conséquences s'offrent d'elles» mêmes. »

Oui, elles s'offraient d'elles-mêmes, et la nature des événemens qui se succédaient avec rapidité dans la péninsule, attestait assez que Ferdinand, tenu captif par une poignée de rebelles et opprimé par eux, n'avait plus rien à attendre que du dévouement des Espagnols fidèles et de l'appui du chef de sa famille. Déjà ses geôliers se montrant plus exigeans dans leurs demandes, insistèrent d'abord sur ce qu'ils appelaient la purification du palais du Roi, imposant à Ferdinand l'obligation de faire maison nette, pour qu'il ne fût entouré que de traîtres et d'espions. Ils répandirent, à cet effet, dans Madrid, et avec une profusion incroyable, un écrit intitulé : *Coup-d'œil sur la conspiration du 1er juillet*, d'après lequel ce mouvement royaliste aurait eu pour but de modifier la constitution, au moyen d'une déclaration additionnelle qu'aurait publiée le Roi. Ses plus fidèles serviteurs furent ompromis dans ce *factum*, publié dans le essein de sévir contre eux, et de chercher es coupables dans la famille royale : les nfans, eurent tout à craindre. Un misérable ıge de village, jacobin frénétique, vient de étrir d'un jugement infâme la majesté oyale, dans la personne de Don Carlos, ère du Roi. Dejà la mesure arbitraire de exil avait éloigné de sa personne son grand-cuyer, son grand-chambellan, le patriarche, rand-aumônier du palais, ainsi que tous ses erviteurs soupçonnés de royalisme.

Par l'impulsion du général Balasteros, les niliciens, les fédérés pressèrent la députa-ion permanente, dont il était l'ame, de faire ı loi au monarque. Jouant le rôle de maire u palais, Balasteros vint imposer à son oi un ministère jacobin, composé de ses ffidés et de ses créatures. Il fit ôter le ommandement de Madrid à Morillo qui omba dans une disgrâce révolutionnaire omplète (1). Tous les nouveaux minis-res appartiennent plus ou moins à la fac-ion des *exaltados* ou démagogues forcenés;

(1) On assure dans quelques journaux qu'il a été ırrêté par les Jacobins de Madrid, dans sa maison le campagne près de cette ville.

ainsi, le malheureux Ferdinand est tombé de Carybde en Scylla. Livré aux mains de ses plus cruels ennemis, sans appui et sans conseil, il ne sait plus quelle route tenir; son cœur, flétri par le malheur, paraît incapable de résolution. La maladie de la Reine ajoute à son accablement. Pour le perdre dans l'esprit de ses plus fidèles sujets, on le poursuit par la calomnie; on lui prête des sentimens et des discours qui ne sont pas les siens. Ce nouveau genre de guerre, que les jacobins font à tous les Rois, produit son effet. Des hommes généreux abandonnent Ferdinand sans abandonner la cause du trône.

Décidés à mettre à profit l'irrésolution des cabinets, et l'immobilité de la France, les jacobins de Madrid, pour se rendre plus redoutables, ont contraint Ferdinand à ordonner la mise en activité de 85 mille hommes de milices nationales: cette force, réunie à la force permanente, présentera un total de 115 mille hommes, avec laquelle ils comptent mettre fin à l'insurrection royaliste et former un contre-cordon sur la frontière. Cet armement paraît aussi avoir pour but de faire de l'argent avec les baïonnettes. L'*Expectador*, qui est l'organe du parti dominant, dit, sans détour, qu'il faut de l'argent pour faire la guerre, et que lorsqu'on aura *battu monnaie*, on saura bien demander des explications franches à certains cabinets, et tirer satisfaction des intrigues machiavéliques. Quant à la note du corps diplomatique, il y répond en invitant les nations à fraterniser avec l'*héroïque* Espagne. Déjà les révolutionnaires de Madrid font parade de leur alliance avec les révolutionnaires de Lisbonne, c'est-à-dire, avec le colonel Sépulveda, le petit Cromwel de l'armée parlementaire du Portugal. De même que Madrid, Lisbonne n'a plus qu'une ombre de Roi : Sépulveda y règne conjointement avec Joseph da Sylva Carvailho, son digne acolyte. Là, ne se borne point la ligue révolutionnaire avouée : les usurpateurs du pouvoir dans la péninsule ont d'autres auxiliaires. Tandis que nos libéraux annoncent que 60 mille Espagnols viendront soutenir les jacobins de France, ceux d'Espagne assurent que tous les libéraux de France vont se soulever pour secourir les constitutionnels d'Espagne ; ils présentent la levée générale de la milice active comme une mesure correspondante à la levée générale de la garde nationale en France après le 10 août. Tout ceci explique le ton triomphant avec lequel le publiciste tonsuré, si connu sous le nom d'aumônier du dieu Mars, laisse échapper ses sentences, en leur donnant une couleur effrayante pour la cause des Rois. « Le 7 juillet de Madrid, » dit-il, a dérouté et disloqué toute la ma- » chine politique de l'Europe. On comptait » sur une Espagne contre-révolutionnée, » et la voilà plus révolutionnée que jamais! »

En effet, l'Espagne étale déjà ses fédérés, ses comités, ses tribunaux et ses armées révolutionnaires. Bravant de plus en plus la Sainte-Alliance qui lui laisse le temps de s'organiser et de se fortifier, elle convoque, pour le 24 septembre, ses Cortès extraordinaires, c'est-à-dire sa Convention nationale, qui suscitera, contre l'Europe monarchique, plus d'un Robespierre à cheval.

Que les cabinets pèsent les faits et les paroles; que par l'insidieux motif d'une fausse prudence, ou plutôt par une pusillanimité déguisée, ils n'aillent pas abandonner en 1822 le midi de l'Europe au pouvoir révolutionnaire, comme ils lui ont livré la France en 1792 : les *conséquences s'offrent ici d'elles-mêmes.* Les royalistes ne leur demandent que d'appuyer et de seconder le noble élan des royalistes de la péninsule. Rien n'a pu rebuter leur fidélité et leur courage. Les armées de la Foi sont plus nombreuses et plus menaçantes depuis la funeste journée de Madrid. Déjà les royalistes d'Espagne ont un centre d'autorité, un gouvernement légal dans la *Régence royale suprême pendant la captivité du roi Ferdinand* (1); ses proclamations énergiques et touchantes circulent maintenant dans toute l'Europe.

La France, en 1792, pendant la captivité de Louis XVI, placée dans les mêmes circonstances où se trouve aujourd'hui l'Espagne, eût été sauvée par le puissant concours des Rois, si une régence royale, centre d'unité et de pouvoirs, eût été d'abord établie, puis reconnue par les ca-

---

(1) Composée du marquis de Mataflorida, de l'archevêque de Tarragone et du général baron d'Eroles, qui est en même temps généralissime des armées royales de Catalogne. Quesada est général en chef de la Navarre, et le Trapiste, général en chef de l'armée d'Aragon.

binets de l'Europe. Tel fut le vœu manifesté alors avec tant de sagesse et de prévoyance par l'auguste frère du Roi captif (aujourd'hui S. M. Louis XVIII), à qui la régence appartenait de droit (1). Mais les Puissances, égarées par le système le plus faux et le plus absurde, abandonnèrent les royalistes, et laissèrent la France en proie aux régicides. Agira-t-on de même à l'égard de la Péninsule? Puissions-nous ne pas voir se renouveler sous nos yeux les mêmes fautes d'une part et les mêmes crimes de l'autre!

Tous les fauteurs de révolutions, tous les ennemis des Rois et de l'ordre monarchique, s'agitent dans l'ombre, et font mouvoir tous les ressorts de l'intrigue et de la corruption pour que la Sainte-Alliance n'intervienne pas à main armée dans les affaires d'Espagne. Quels moyens insidieux proposent-ils? De se borner à des négociations diplomatiques. Tombera-t-on dans un piége aussi grossier? Assurer ainsi le règne et le triomphe des régicides dans la Péninsule, ce serait laisser la France et l'Italie à leur merci et sous leur

---

(1) Voyez la vie de Louis XVIII par M. Alphonse de Beauchamp.

nfluence. Avant un an, le pouvoir révolutionnaire déborderait comme une lave brûante dans tout le midi de l'Europe, et la révolution universelle, préparée de longue main, s'accomplirait. Le moment est décisif : de la résolution des Souverains va dépendre la destinée des sociétés européennes. Que les Rois se tiennent surtout en garde contre les séductions et les piéges de la faction des parjures et des perfides ! Que l'Europe monarchique ne reconnaisse plus en Espagne d'autre autorité que celle de la Régence royale, et le succès de la cause des Rois et des peuples fidèles est à jamais assuré !

FIN.

De l'Imprimerie de DEMONVILLE, rue Christine, n° 2.

BIBLIOTHEQUE NATIONALE DE FRANCE
3 7531 00142061 2

www.ingramcontent.com/pod-product-compliance
Ingram Content Group UK Ltd.
Pitfield, Milton Keynes, MK11 3LW, UK
UKHW022110190726
13855UKWH00002B/753

9 782012 962576